Eine Kreuzfahrt, die ist lustig...

Joe Bargel

Eine Kreuzfahrt, die ist lustig...

Die Lektüre für Kreuzfahrer und welche, die es noch werden wollen...

Bibliografische Information der Deutschen Nationalbibliothek:
Die Deutsche Nationalbibliothek verzeichnet diese Publikation in der Deutschen Nationalbibliografie; detaillierte bibliografische Daten sind im Internet über http://dnb.d-nb.de abrufbar.

Herstellung und Verlag: Books on Demand GmbH, Norderstedt

ISBN: 9783839121634

Die Idee zu meinem Buch

Was vor einigen Jahren für viele Menschen nur ein Traum war, den man allerhöchstens in unzähligen Folgen der ZDF Kultreihe „Das Traumschiff" erleben durfte, ist heute für viele Menschen erschwinglich geworden und zu einem echten Massenmarkt geworden. Eine Kreuzfahrt.
Und irgendwann kam dann unweigerlich auch mein erstes Mal. Am Nikolaustag 2008 starteten meine Frau und ich gemeinsam mit unseren Freunden von Gran Canaria aus zu einer Rundreise über die Inseln Madeira, La Palma, Lanzarote, Fuerteventura und Teneriffa. Auf keiner dieser Inseln bin ich vorher gewesen und war entsprechend gespannt, was mich dort erwarten würde. Und wenn man wie ich viel lieber Individual- statt Pauschalurlaub macht, dann erlebt man garantiert spannende Momente mit seinen Mitreisenden. Während der einwöchigen Tour hielt ich viele Erlebnisse bei der An- und Abreise, an Bord des Schiffes sowie bei den Landausflügen fest. Eigentlich waren diese Aufzeichnungen lediglich als persönliche Erinnerungen gedacht. Doch aus meinen Eindrücken, kombiniert mit dem gesamten vielfältigen Angebot des Schiffes, ergab sich eine derart umfangreiche Geschichte, dass daraus ein kleiner Reiseführer geworden ist.
Jetzt erfährt der Leser nicht nur das, was ich erlebt habe, sondern auch das, was man erleben könnte, wenn man organisierte Landausflüge mitgemacht hätte oder wenn man einfach immer nur an Bord geblieben wäre.

Joe Bargel

Inhalt

Eine Seefahrt, die ist lustig
eine Seefahrt, die ist schön;
ja, da kann man manche Leute
an der Reling spucken seh'n.

Hollahi, hollaho...

Prolog

Blitze zucken durch den dunklen Abendhimmel. Dumpfe Klänge einer Musik, die unter die Haut geht, schwingen durch die kühle Luft. Um mich herum stehen fast 300.000 Menschen. Dabei wollte ich mit meinen Arbeitskollegen einfach nur ein Bier trinken, hier an den Landungsbrücken in St. Pauli.

Vor einigen Monaten schon hatten wir den Wochenend-Trip nach Hamburg geplant. Die Bahnfahrt war schnell gebucht, mit der Hotel-Reservierung hatten wir dagegen einige Probleme. Es gab kaum noch freie Zimmer an dem geplanten Wochenende im April 2007. Ich durchsuchte mehrere offizielle Webseiten von Hamburg, um zu erfahren, was an dem besagten Wochenende los sein könnte. Eine große Messe? Ein neues Musical? Ein Topspiel des HSV? Nichts dergleichen konnte ich entdecken. Die einzige Veranstaltung sollten die so genannten „AIDA-Days“ sein, in deren Rahmen ein neues Kreuzfahrt-Schiff getauft werden sollte. Ich erzählte meinen Kollegen davon, doch Gerd, ein erfahrener Wochenend-Reisender, lachte mich aus. „Die AIDA-Days sind doch im Leben nicht der Grund für die Hotelknappheit“ meinte er. Da würden doch sicher nur ein paar Gäste dabei sein. Weit gefehlt, wie wir später erfahren sollten.
Schließlich fanden wir die gewünschten drei Hotelzimmer und fuhren an einem Freitag Ende April gut gelaunt nach Hamburg.

Jetzt stehen wir also an den Landungsbrücken, ein kühles „Flens“ in der Hand und starren gebannt auf ein riesiges stählernes Monstrum, das ganz langsam auf uns zukommt. Zusammen mit „den paar Gästen“ bestaunen wir eine gigantische Lasershow, die das ebenso gigantische Schiff in immer neue

Farben taucht. Die Musik wird lauter, die Menschen fangen an zu tuscheln und wild zu gestikulieren. „Da ist sie!“ rufen einige ältere Frauen um mich herum. Wir scherzen noch „Wo denn, ich sehe nichts“, doch dann staunen auch wir. Da ist sie wirklich, die AIDAdiva. Beeindruckt muss ich zugeben, dass ich so ein Schiff noch nie gesehen habe.

Der Presse kann man später entnehmen, dass außer uns auch die „geballte Prominenz“ dabei war.

"Ein Riesenspektakel, eine einmalige Schiffstaufe. Das größte Feuerwerk, das ich je gesehen habe“, sagte beispielsweise Ex-Fußballstar Andy Möller nach der Schau. Ähnlich begeistert war auch die Sängerin von Texas Lightning, Jane Comerford: „Grandios und wunderbar“, sagte sie nach der farbenfrohen Party im Hafen. 200 Scheinwerfer, 30 Laser, 2000 Neonröhren und ein spektakuläres Höhenfeuerwerk verwandelten die Szenerie vor dem Dock von Blohm + Voss im Herzen des Hamburger Hafens in ein Lichtermeer.

Ganz langsam und majestätisch schleicht das schwimmende Hotel an mir vorbei. Riesengroß wie ein Hochhaus. In dem Augenblick klingelt mein Handy. Meine Frau meldet sich und teilt mir aufgeregt mit, dass sie grad im NDR die Taufe der AIDAdiva sieht. „Aha“ sage ich grinsend. „Und? Spannend?“ frage ich. Sie klingt begeistert. „Die zeigen grad die Kabinen. Suuuper. Da müssen wir unbedingt mal mitfahren.“ „Ja nee, is klar“ antworte ich frei nach Atze Schröder. ‚Das fehlt mir noch’ denke ich so für mich. ‚Mit ein paar tausend Pauschaltouristen und immer schön im feinen Zwirn beim Essen’. Doch die holde Gattin scheint es ernst zu meinen. Egal, heute bin ich erstmal in Hamburg und hole mit den Jungs die nächste Runde Pils. Langsam aber sicher zieht die „Diva“ an uns vorbei und wir machen uns auf den Weg. Das Abendessen wartet.

Das Thema „Kreuzfahrt“ gerät wieder in Vergessenheit…

In der linken einen Teerpott
In der rechten einen Twist
und ´ne rechte große Schnauze:
fertig ist der Maschinist!

Hollahi, Hollaho...

Urlaubsplanung

Wo fahren wir denn in diesem Jahr hin?

Diese Frage stellten sich meine Frau und ich im März 2008. Neben ein paar Tagen Winterurlaub in Südtirol war noch ein Wanderurlaub geplant, den wir ebenfalls in den von uns so geliebten Dolomiten in Südtirol verbringen wollten.
Somit hatten wir noch eine weitere Woche zur Verfügung. Da wir den Urlaub erst am Jahresende nehmen konnten und gern noch ein paar Tage die Sonne genießen wollten, zogen wir die Kanarischen Inseln in die nähere Auswahl. Dort war ich noch nie, meine Frau war mal Ende der 80er-Jahre auf Gran Canaria. Eine Entscheidung trafen wir allerdings noch nicht.

Ein paar Tage später sahen wir in einer Zeitschrift ein Angebot über eine Kreuzfahrt. Es sollten mehrere Kanarische Inseln angesteuert werden. Und das mit der „AIDAbella“, einem Schiff, das zu diesem Zeitpunkt nicht mal fertig gestellt war. Nagelneu also. Die Gattin war begeistert, hatte sie doch gleich wieder die Bilder der wunderschönen „AIDAdiva“ vor Augen. Und schließlich sollte die neue „Bella“ baugleich zur „Diva“ sein.
Ich war skeptisch. Alle Vorurteile, die man nur haben kann, gingen mir durch den Kopf. Aber wir hatten ja noch etwas „Bedenkzeit“.

In den folgenden Tagen machte ich mir immer häufiger Gedanken über das Für und Wider einer Kreuzfahrt. Ich suchte im Internet, las einige weitere Anzeigen in Zeitschriften oder in der Tageszeitung die Angebote und sprach mit einigen Bekannten, die bereits Kreuzfahrten gemacht hatten. Ich war erstaunt, wie viele Anbieter und dementsprechend auch viele Angebote es gab. Neben den diversen Angeboten der AIDA studierte ich auch die verschiedenen Reisen der MSC-Cruises, MS Costa und der Norwegian Cruise Line. Unglaublich, wie viele neue Schiffe in den letzten Jahren auf den Markt gekommen waren. Das war ja fast so, wie bei den Autoherstellern. Ich musste lachen, als ich daran dachte, dass nach dem VW Golf 5 die „AIDAbella“ raus kam, nach dem neuen Toyota Avensis kam die „MSC Lirica“ und auf den Renault Clio folgte die „MS Costa Cordalis“ (oder so ähnlich).

Auf jeden Fall fiel mir auf, dass die Schiffe immer größer wurden und inzwischen knapp 2000 Personen an Bord Platz hatten. Noch größer sind ja wohl die Schiffe der „Royal Caribbean“. Die neue „Liberty of the Seas“ bietet Platz für 3600 Passagiere. Das war mir auf jeden Fall entschieden zu groß. Also konnte ich dieses Riesenschlachtschiff streichen. Moment mal! Irgendwas hatte ich doch noch vergessen. Na klar! Die gute alte „MS Deutschland“ – DAS TRAUMSCHIFF. Sofort stellte ich mir vor, wie meine Frau von Sascha Hehn angebaggert wird und ich mich von Oberschwester Beatrice umsorgen lasse. Der nächste Lachanfall war gesichert.

Aber eigentlich waren die unglaublichen Erlebnisse der Traumschiffpassagiere tatsächlich meine einzige Kreuzfahrterfahrung. Doch sind die „völlig realistischen“ Familiendramen und Lovestorys der Touristen oder die spannenden Abenteuer von Kapitän Hansen (oder Paulsen?) und seinem Medizinmann Doc Schneider (oder doch Schröder?) der ganz normale Kreuzfahrtalltag? Ich glaube nicht.

Was also sollte mich an einer Kreuzfahrt reizen? Natürlich – die Reiseziele. Durch das „Traumschiff“ konnte der Fernsehzuschauer unzählige Traumziele auf der ganzen Welt kennenlernen. OK, die Kanaren zählten zwar nicht zu meinen absoluten Traumzielen, aber um diese Inseln überhaupt mal kennen zu lernen, erschien mir die angebotene Route gar nicht so schlecht. Zumal auch Madeira angesteuert werden sollte und mir Portugal bisher sehr gut gefallen hat. Neben zwei Reisen an die Algarve hatten wir auch einmal die Azoreninsel Sao Miguel besucht. Ich hatte die phantastische Landschaft dieser Insel noch vor Augen und auch über Madeira hatte ich von Bekannten Ähnliches gehört. Die „Blumeninsel im Atlantik" wird sie ja auch genannt. Das war also schon mal ein sehr interessantes Reiseziel. Der Start und das Ziel der Tour sollte Las Palmas auf Gran Canaria sein. Weitere Ziele waren die größeren Inseln Lanzarote, Fuerteventura und Teneriffa. Aus meiner Sicht das spannendste Ziel hieß jedoch La Palma. So viel ich wusste, hatte der Massentourismus diese Insel noch nicht erreicht. Also, mit den angebotenen Inseln konnte ich mich schon mal anfreunden.

Ein weiterer Pluspunkt war das Wetter. Bisher hatte ich niemals im Dezember Urlaub gemacht. Die Aussicht auf milde Temperaturen und ein paar Sonnentage im Winter reizte mich daher auch.

Damit stand schon mal grundsätzlich fest, dass wir erstmals eine Kreuzfahrt machen würden und die Kanarischen Inseln ein gutes Ziel wären. Jetzt mussten wir also noch das passende Schiff für uns finden. Nach ein paar Stunden Sucharbeit im Internet und einigen Gesprächen mit zwei guten Bekannten, die bereits mit der AIDA gereist waren, entschieden wir uns dann schließlich auch für dieses Angebot.

Am Tag darauf erzählte ich unseren Freunden Heidi und Andy, mit denen wir schon einige Touren gemeinsam unternommen hatten, von unserem Plan. Und wenn die beiden eine Eigenschaft auszeichnet, dann ist das Spontaneität. Nach knapp 60 Sekunden Überlegung waren sie quasi mit an Bord. Also freuten wir uns dann zu viert auf unser erstes Kreuzfahrtabenteuer.

Vorbereitung

Wie bereitet man sich auf eine Kreuzfahrt vor, wenn man noch nie auf einem Schiff mit 2000 Passagieren war, noch keines der Reiseziele kennt und überhaupt noch nie im Dezember Urlaub gemacht hat?
Richtig! Man sammelt Informationen, durchforscht das Internet, studiert Kataloge und Reiseführer und fragt Freunde und Bekannte nach deren Erfahrungen.

Erste Informationsquelle waren dann die Internetseite der AIDA sowie der dicke und bunte Katalog. Wie ich während der Entscheidungsphase gelernt hatte, gab es auf AIDA-Schiffen ein anderes Konzept als auf „herkömmlichen" Kreuzfahrern. Es sollte sich um sogenannte „Clubschiffe" handeln und es sollte an Bord locker und fröhlich zugehen. Die Gäste konnten sich den ganzen Tag unterhalten lassen oder aber auch individuell aktiv sein oder sogar absolut ihre Ruhe haben. Auch die befürchtete Galakleidung sollte man getrost daheim lassen. Während andere Anbieter ihr Programm auf amerikanische Touristen oder Südeuropäer ausgelegt hatten, sollte auf den AIDA-Schiffen der deutsche Tourist im Mittelpunkt stehen. Die Bordsprache ist „deutsch" und auch das gesamte Ausflugsprogramm wurde mit deutschsprachiger Begleitung angeboten. OK, ich hätte mir mit meinem Schulenglisch bzw. –französisch auch ein anderes Schiff zugetraut, aber man ist vielleicht doch sicherer, wenn man wirklich alles versteht. Anstatt von 2000 deutschen Touristen umgeben zu sein, hätte ich mir zwar lieber ein internationales Publikum gewünscht, wollte mich aber überraschen lassen.

Das Erste, was mir dann an dem „deutschen Konzept“ auffiel, war der Katalog. Der hieß „AIDAtime“. Na ja, das konnte ich ja leicht übersetzen. „AIDAzeit“ hört sich aber auch nicht schlecht an. Dann ging es weiter ins Internet. Auf der „Homepage“ der AIDA gibt es eine Menge an Informationen und viele bunte Bilder, die Lust auf Urlaub machen.
Und es ging knallhart weiter mit dem „deutschen Konzept“. Dass der „Newsletter“ schon vor langer Zeit den „Neuigkeiten-Brief“ abgelöst hatte, wusste ich ja schon. Doch dann stieß ich auf ganz viele spannende Begriffe. Da war die „AIDA Weblounge“ und unter dem Menüpunkt „my AIDA“ konnte ich meinen eigenen „Account“ einrichten. Dazu kamen noch ganz wichtige Angebote wie „AIDAbusiness“, „Charter & Incentives“ oder auch „Corporate World“. Besonders imponierte mir das Angebot „Call4Cruise“. Kennen Sie nicht? Macht nichts, ich auch nicht. Als ich all diese Begriffe las, war ich froh, dass die Bordsprache „deutsch“ sein sollte. Und zum Glück fand ich dann auch, wonach ich suchte. Nämlich Informationen über die Schiffsdaten und die Reiseziele. Als Erstes ließ ich mich von den Daten des Schiffes beeindrucken. Die AIDAbella ist 252 Meter lang und 32 Meter breit und hat 13 Decks. Darauf verteilt sind unter anderem 1025 Passagierkabinen, 7 Restaurants und 11 Bars. Außerdem muss es noch Platz geben für über 600 Besatzungsmitglieder. Das waren schon mal „Hausnummern“. Ich war gespannt, ob ich an Bord überhaupt mal eine Minute meine Ruhe haben würde.

Bevor ich mich intensiv mit den Reisezielen befassen wollte, überlegte ich, welche Erfahrungen ich bisher mit Schiffen hatte. Und als ich tief in meinen Erinnerungen schwelgte, kam da so einiges zusammen. Begonnen hatte es wohl Anfang der Siebziger, als ich mit meiner kleinen Schwester im Allgäu – oder war es doch in Tirol – den Forggensee oder den Achen-

see mit dem Schlauchboot überquerte. Dann gab es die Santa Monica auf dem Datteln-Hamm-Kanal. Anfang der Achtziger erinnere ich mich an unzählige Butterfahrten auf der Ostsee, als ich eigentlich das Vaterland verteidigen sollte. Es folgten die Autofähren nach Naxos in Griechenland und zweimal nach Korsika zum Camping mit den Kumpels. Noch mal einige Jahre später gab es eine romantische Ruderbootfahrt mit der holden Gattin (allerdings weit vor der Hochzeit) auf dem Cappenberger See. Und zu guter Letzt erinnerte ich mich an die Fähre „Frisia IV“ von Norddeich-Mole nach Norderney im Rahmen der letzten Mannschaftsfahrt mit meinen lustigen Tischtennis-Kumpanen. Da konnte ich doch schon einiges an Seefahrtskenntnissen vorweisen.
Außerdem gab es ja noch den riesigen Erfahrungsschatz aus Film und Fernsehen. Ich erinnerte mich spontan an den „Seewolf“ Raimund Harmstorf, „Wickie und die starken Männer“ und an die bereits erwähnten „Traumschiff-Schmunzetten“. Und in frühester Kindheit war ich ein Fan von der MS Franziska mit dem guten alten Paul Dahlke. Außerdem kannte ich – wie jedes Kind – die berühmten Kapitäne „Käpt'n Iglo“, „Käpt'n Nuss“ sowie den noch berühmteren „Käpt'n Blaubär“ mitsamt „Hein Blöd“. Damit war ich meiner Meinung nach bestens gerüstet für eine Seereise.

Ein weiteres Thema, mit dem ich mich auseinander setzen musste, war die Piraterie. Die hatte in letzter Zeit ja auch die moderne Schifffahrt erreicht. Nicht nur Containerschiffe und Tanker wurden überfallen, auch vor Kreuzfahrtschiffen machten die üblen Schurken nicht halt.
Was fiel mir dazu spontan ein?
Brandaktuell natürlich Johnny Depp, der als „Capt'n Jack Sparrow“ mit der Black Pearl die gesamte Karibik zwischen „Tortuga“ und der „Isla de Muerta“ aufmischte. Aber der hat-

te ja mehr mit irgendwelchen halbtoten Gestalten zu tun und stellte für mich also keine reale Gefahr dar.
Dann gab es „Messerjocke" und „Blutswente", die von Familie Langstrumpf im Alleingang erledigt wurden. In besonderer Erinnerung ist mir dabei das Lied von den 15 Männern auf des Totenmanns Kiste und die Buddel voll Rum geblieben. Also ebenfalls keine Gefahr mehr.
Und auch die brandgefährlichen Piraten, bei denen immer dieser dicke braungebrannte Mann mit dem lustigen Sprachfehler oben im Ausguck saß, sind so oft von Asterix und Obelix zerlegt worden, dass ich auch von denen nichts zu befürchten hatte.
Aber im Ernst, wirklich gefährlich war es wohl besonders vor der Küste Somalias und da waren die Kanarischen Inseln weit genug von entfernt.
Damit konnte ich dieses Thema für mich abschließen.

Jetzt blieb nur noch die Vorbereitung auf die Reiseziele. Und dazu klaute ich mir eine Idee bei meiner „kleinen" Schwester. Zusammen mit ihren Freunden umrahmte sie jeden Urlaub durch unzählige sogenannte „Urlaubsvor- und -nachbesprechungen". Diese dienten eigentlich nur dem gemütlichen Beisammensein vor dem Urlaub und später nach dem Urlaub verbunden mit dem gemeinsamen Ansehen der Fotos.

Also trafen auch wir Vier uns viermal vor dem Urlaubsbeginn, um bei Bier, Wein und Leckereien die Urlaubsplanung zu besprechen. Schnell waren wir uns einig, dass wir das Schiff genießen und auch das Angebot an Bord ausprobieren wollten, die Landausflüge dagegen würden wir individuell planen. Wenigstens in diesem Punkt wollten wir nicht auf das „24-Stunden-Rundum-Sorglos-Paket" zurückgreifen.

Nach intensiver Vorbereitung fassten wir dann unseren individuellen Ausflugsplan zusammen. Auf Madeira wollten wir uns einen Wagen mieten und einen Teil der Insel erkunden. Andy wurde dazu als „Reiseleiter" auserwählt, da er vor ein paar Jahren schon mal auf dieser Insel war. Ein dicker Reiseführer sollte ihn bei der Vorbereitung unterstützen.
Für unseren Aufenthalt auf La Palma machten wir einen ähnlichen Plan. Auch diese Insel wollten wir per Mietwagen erkunden. Mit der Vorbereitung wurde ich beauftragt. Da keiner von uns vorher auf dieser Insel war, ging ich mit großem Enthusiasmus an meine Aufgabe. Neben dem umfangreichen Reiseführer stöberte ich ausgiebig im Internet, las Reiseberichte und machte mich mit den Städtenamen und Sehenswürdigkeiten vertraut. Da man auf der Insel ja bloß ein paar Stunden Zeit hat, war es nicht so einfach, eine interessante Tour zusammenzustellen, ohne dabei von Ort zu Ort zu hetzen. Mehr oder weniger zufällig erfuhr ich von meiner Arbeitskollegin Ruth, dass sie bereits mehrmals auf La Palma war. Sie gab mir dann den entscheidenden Tipp für eine schöne Route mit drei Zielen und damit waren meine Aufgaben als Reiseleiter erledigt.
Für den Aufenthalt auf Fuerteventura planten wir ein Treffen mit meinem langjährigen Kumpel Uwe, der zur selben Zeit auf dieser Insel Urlaub machte. Er würde sich – je nach Wetterlage – für uns irgendwas einfallen lassen. Also Überraschung !

Auf Lanzarote und Teneriffa planten wir keine großen Aktivitäten. Dort wollten wir zwar von Bord gehen, um uns die jeweilige Hafenstadt anzuschauen, aber weitere Ausfüge planten wir nicht. An diesen zwei Tagen wollten wir auch mal „unser" Schiff ein wenig genießen. Da diese Reise keinen kompletten Seetag enthalten würde, wollten wir das Bordangebot dann auf diese Weise nutzen.

Insgesamt hatten wir nach unserer Meinung ein abwechslungsreiches Programm erstellt und die Vorfreude konnte steigen. Wir mussten quasi nur noch den Herbst und die graue Novemberzeit überstehen und dann konnte es endlich losgehen.

Anreise

Ein grauer Tag mit Dauerregen im Dezember. Nikolaustag. Es ist soweit. Der große und lang erwartete Tag ist da. Zum ersten Mal in meinem Leben fahre ich im Dezember in den Urlaub. Und dann auch noch in die Sonne. Ich kann es kaum glauben. Gestern noch auf dem Dortmunder Weihnachtsmarkt den größten Weihnachtsbaum der Welt bestaunt und heute geht's los auf die warme Insel im Atlantik. Kühle Sangria statt heißer Glühwein, Tapas statt Bratwurst und vor allem Badehose statt Bommelmütze. Bei diesen Aussichten ist die Laune natürlich blendend. Noch weiß ich aber nicht, dass die Anreise genau so lange dauern sollte, wie die Autofahrt über 900 Kilometer nach Südtirol bei Schnee und Glatteis.

Vor mir liegt folgendes Programm:

- Auto zum Zug
- Zug zum Flug incl. „SkyTrain“ zur Abflughalle
- Flug zum Schiff incl. Busfahrt vom Airport zum richtigen Port, also vom Flughafen zum Hafen (für die Freunde des „Deutschen Konzepts“)

Meine „kleine“ Schwester, die ihr ja schon von den „Urlaubsvorbesprechungen“ kennt, bringt uns freundlicherweise zum Bahnhof nach Kamen (dafür wird sie später zu einer „Urlaubsnachbesprechung“ eingeladen). Es regnet natürlich. Der Zug ist fast pünktlich, also ein guter Anfang. Dafür ist der Zug so was von voll, dass wir mit unseren Koffern und dem Rucksack zwischen Wochenend-Pendlern, Weihnachtsmarktbesuchern und anderen Pauschaltouristen einfach so im Gang stehen. Und zwar bis Düsseldorf. Also eine gute Stunde. Die Luft wird immer schlechter. Es riecht nach Dosenbier, Schweiß und billigem Sekt. Zu allem Überfluss gibt es ICE-Überholungen, unverständliche Wartezeiten an diversen Bahnsteigen und natürlich die obligatorischen „Verzögerungen im Betriebsablauf", für die grundsätzlich immer mein Arbeitskollege Markus aus Recklinghausen verantwortlich ist. Aber das ist eine andere Geschichte und nur für „Insider". Überhaupt gibt es ja eine Menge Geschichten über das Bahn fahren. Zu dem Thema und in Verbindung mit meiner Lieblingssprache fällt mir ein, dass die Deutsche Bahn ja in einigen Zügen mehrsprachige Ansagen im Repertoire hat. Und danach haben einige „Schreiberkollegen" von mir auch ein Buch genannt. „*Senk ju vor träwelling with Deutsche Bahn*" heißt dieser Überlebensführer, den ich mir unbedingt noch mal zulegen will. Bahn fahren ist eins der letzten Abenteuer in Deutschland. Ich bin gespannt, ob die Kreuzfahrt auch so unterhaltsam wird, doch da rollt unser Regionalexpress auch schon mit nur dreißig Minuten Verspätung im modernen Bahnhof des Düsseldorfer Flughafens ein. Teil 1 ist geschafft.

Dann geht es weiter. Eine Fahrt mit dem „Wunderwerk der Technik" wartet auf uns.
>Die vollautomatische Kabinenbahn "SkyTrain" bewegt sich in etwa 10 Metern Höhe auf einer 2,5 Kilometer langen Fahrstrecke über das Flughafengelände. Pro Stunde und Richtung können die insgesamt fünf Züge, die aus jeweils zwei Kabinen bestehen, mit einer Höchstgeschwindigkeit von 50 km/h bis zu 2.000 Menschen transportieren. Alle Kabinen verfügen über großflächige Panoramafenster und ausreichenden Stauraum für Gepäck<
So erzählt es mir später die Homepage des Düsseldorfer Flughafens. Ich bin entsprechend begeistert, zumal wir tatsächlich

ohne Probleme in wenigen Minuten im Abflug-Terminal stehen.

Wenn man länger nicht mehr geflogen ist, erschlägt einen diese riesige Halle fast. Und irgendwie sehe ich auf den ersten Blick und soweit das Auge reicht nur rotweiße Schalter eines Berliner Lufttransportunternehmens. Mit dem fliegen wir aber nicht. Zum Glück ist eine freundliche Auskunftsdame in der Nähe, die uns in die letzte und äußerste Ecke der Halle schickt. Da irgendwo versteckt liegen die „Check-In-Schalter" der Fluggesellschaft meines Vertrauens. Von unseren Freunden ist noch nichts zu sehen, also stellen Anja und ich uns schon mal in die Reihe der Wartenden, bevor diese Reihe noch länger wird. Langsam aber sicher nähern wir uns der jungen Dame am Schalter, als plötzlich Heike und Andy in die Halle huschen. Und zwar so schnell, dass sie an allen anderen vorbei die Schlange passieren, um uns fröhlich zu begrüßen. Und da keiner genau aufpasst, sortieren die beiden sich kurzerhand vor uns in die Reihe ein. Ein älterer Herr hinter uns hat die Szene allerdings durchschaut. Ich rechne augenblicklich mit einer Schimpfkanonade seinerseits, doch der Mann sagt lachend: „Na, Sie können wohl nicht schnell genug auf das Schiff kommen, oder?" und zeigt auf unsere vom Reiseanbieter bereitgestellten Kofferanhänger. Er ist kein bisschen sauer und erzählt mir, dass er auch schon zweimal auf einem AIDA-Kreuzer war, diesmal allerdings nur so nach Gran Canaria fliegt. Ich freue mich, dass es doch noch Menschen gibt, die nicht gleich ausflippen, wenn sie mal 5 Minuten länger warten müssen und nehme mir vor, zukünftig genau so gelassen zu reagieren. Wir wünschen uns gegenseitig einen schönen Urlaub und schon geht es für uns und unsere Koffer weiter. Das „Einschecken" klappt reibungslos und mit unseren Bordkarten in der Hand stellen wir uns gleich an der nächsten und noch viel längeren Schlange an.

Sicherheitskontrolle! Da geht einem doch das Herz auf. Seit über sieben Jahren geht es den Flugtouristen ganz besonders an die Wäsche. Für die Sicherheit der Passagiere hat sich der Bundesminister des Inneren was ganz Besonderes einfallen lassen. Dass keine Waffen mit an Bord kommen, ist ja absolut verständlich. Aber was hier an einem Tag an Getränken und Körperpflegemittel im wahrsten Sinne des Wortes „in die Tonne" gehauen wird, das ist schon beeindruckend. Aber es gibt nun mal diese Vorschriften und die Sicherheitsmitarbeiter ziehen ihren Auftrag knallhart durch. Für unsere Sicherheit zahlen wir alle einen hohen Preis, sagt unser Minister ja quasi täglich. Ich will dieses Thema auch hier nicht überstrapazieren, aber an dieser Stelle fällt mir ein Sketch von Olli Pocher ein, der mit einer Nagelfeile ein Flugzeug entführen will. Also grinse ich mal wieder innerlich, lasse die Körperuntersuchung locker über mich ergehen, während ich alle Wertsachen und meinen Gürtel durch das Röntgengerät schieben lasse. Da ich unbewaffnet bin und alle Vorschriften über den Transport von gefährlichen Flüssigkeiten eingehalten habe, kann ich kurze Zeit später wieder meinen Gürtel anlegen und in die weite Welt der Duty-free-Shops und sonstigen Lokalitäten eintreten. Teil 2 ist auch schon mal geschafft.

Seit dem Verlassen des Zuges ist inzwischen weit über eine Stunde vergangen und da wir keine eigenen Getränke geschmuggelt haben, suchen wir uns eine nette kleine Bar. Da sich der zollfreie Einkauf irgendwie nicht mehr lohnt, verprassen wir das erste Taschengeld doch lieber direkt an der Bar. Ich bestelle eine Runde für uns Vier direkt an der Theke. Den Preis für 2 Bier und 2 Mineralwasser nenne ich lieber nicht, da sonst der Puls nur unnötig steigt. Für 1 Mineralwasser kann man jedenfalls „draußen“ locker einen ganzen Kasten kaufen, ohne dabei ein Billigwasser zu nehmen. Damit weiß ich jetzt aber, wer die Gewinner der neuen Sicherheitsrichtlinien sind, wegen derer man keine Getränke mehr mitnehmen darf. Was soll's? Nicht lange ärgern, sondern auf den Urlaub anstoßen und das Pils genießen.

Und dann ist es auch schon soweit. Für unseren Flug werden schon die Gäste aufgerufen, um sich zu irgendeinem „Gate“ zu bewegen. Gleichzeitig springen mindestens 80 Menschen auf und sprinten hastig zum genannten „Gate“. Amüsiert beobachten wir das hektische Treiben und beherzigen den Lieblingsspruch meines schlauen Schwippschwagers, dass ja bekanntlich die Kraft in der Ruhe liegt. Gemütlich schlendern wir dann los und stehen wieder mal in einer Schlange. Ich überschlage kurz in Gedanken, dass ich mit dem Auto inzwischen seit dem Verlassen des Hauses knapp 400 Kilometer geschafft hätte. Aber ich will mich ja nicht beschweren. Genau dass macht gerade ein Paar direkt hinter uns. Lautstark keifen die beiden herum. Allerdings beschweren die sich nicht über irgendwas, sondern sie beschnauzen sich gegenseitig. Und das in einer beachtlichen Lautstärke. Ich muss gestehen, dass ich immer einen Mordsspaß habe, wenn Leute in den Urlaub fahren und anstatt sich zu freuen, wird pausenlos gemeckert, gezetert und sich beschwert. Die Frau wirft dem Mann wiederholt vor, die Tickets vergessen zu haben, weshalb sie wohl noch mal zurück nach Hause mussten. Da sie ja dennoch pünktlich hier sind, ist das eigentlich kein Grund zum Meckern – zumindest jetzt nicht mehr. Aber weit gefehlt. Die Beiden geben sich gegenseitig die Schuld und die Diskussion geht zur Freude der anderen Fluggäste weiter. Die Frau schreit dabei immer den Namen des Mannes, den ich zur Wahrung seiner Persönlichkeitsrechte im weiteren Verlauf einfach mal „Tom“ nenne. Jetzt will ich diesen Kerl unbedingt mal sehen und drehe mich vorsichtig um. Tom ist ein kleiner Mann mit Brille, sein Gesicht ist gerötet und seine Haare liegen so kreuz und quer, als sei er grade aufgestanden. Wenn er redet, merkt man gleich, dass er mindestens 1,5 Promille haben muss. Also wohl mächtig gefeiert am Vorabend oder schon mal mit einem zünftigen Frühschoppen den Urlaub eingeleitet. Seine Frau besticht durch einen weißen Hosenanzug, pechschwarze toupierte Haare und ein klein wenig Übergewicht. Ihr Haarspray steigt mir gleich in die Nase. Leicht erheitert drehe ich mich wieder um, als die Beiden plötzlich hektisch aus der Schlange ausbrechen und nach vorne stürmen. Sie glaubten wohl, dass dort ein zweiter „Boarding-Schalter“ sei, doch leider Pech gehabt. Also kommen sie umgehend zurück, um sich genau vor uns einzureihen. Die schwarzhaarige Frau, die ich für mich einfach „Olga“ nenne, behauptet, genau hier hätten sie vorhin auch gestanden, um anschließend wieder den angetrunkenen „Tom“ für dieses Desaster verantwortlich zu machen. Herrlich, das ist Comedy pur.

Das „Boarding“ verläuft relativ problemlos und kurze Zeit später betreten wir den Transferbus, der uns über das Rollfeld zur Maschine bringen soll. Während meine drei Mitreisenden stehen bleiben, setze ich mich vorsichtshalber hin, da ich den Fahrkünsten dieser rasenden Busfahrer nicht traue. Und was passiert unweigerlich? Richtig, natürlich setzt sich die „Olga“ direkt neben mich. Während sie immer noch auf ihren Mann einredet, drehe ich mein Gesicht zur Scheibe, da mir das Haarspray sonst den Atem nehmen würde. Noch weiß ich nicht, ob die beiden zum Urlaub nach Gran Canaria fliegen oder auch auf das Schiff gehen, aber insgeheim wünsche ich mir, dass ich die Fortsetzung dieser „Telenovela“ noch erleben darf. Ganz schön gemein zwar, aber es macht doch manchmal richtig Spaß, streitenden Ehepaare zu lauschen.

Wenig später steigen wir im strömenden Regen bei gefühlten 3 Grad die Treppen zu unserem „Flieger“ hinauf und stehen prompt wieder in einer Schlange. Natürlich stehen mehrere Leute im Gang und sortieren ihr Gepäck und ihre Kleidung, nachdem sie sich vorher schon mit allen Zeitungen eingedeckt haben, die von der Fluggesellschaft kostenlos angeboten werden. Nach quälend langen fünf Minuten erreichen wir endlich unsere Sitzplätze.
Es ist soweit. Wie weit sind wir jetzt? Ach ja, Teil 3 ist geschafft.

Nachdem wir mit allen Sicherheitshinweisen versorgt wurden - übrigens auch in Englisch - und alle Notausgänge kennen, meldet sich der Käpt'n und teilt mit, dass wir noch keine Starterlaubnis haben. Wegen des anhaltend starken Regens starten die Maschinen alle etwas langsamer. Ich blicke durch das kleine Fenster und sehe den Regen auf den Asphalt prasseln. Unglaublich, dass ich in knapp vier Stunden bei über 20 Grad aus dem Flieger aussteigen darf. Irgendwann geht es aber doch los und wir heben ab. Ein paar Minuten später jagen wir durch die dichte Wolkendecke, gleiten der Sonne entgegen, immer in Richtung Süd-Westen. Wir vertreiben uns die Zeit mit Lesen, Musik hören oder träumen einfach vor uns hin. Der Flug ist zum Glück ziemlich ruhig und ereignisarm. Spannend wird es noch mal, als die Flugbegleiter eine warme Mahlzeit servieren. Denn man darf sogar zwischen zwei Gerichten wählen. Die freundlichen Angestellten fragen tatsächlich jeden Gast, ob er „Pasta“ oder „Chicken“ möchte. Und ob ihr es glaubt oder nicht, für mehr als die Hälfte der Fluggäste musste die Frage in „Nudeln öder Hähnchen?“ übersetzt werden. Ich amüsierte mich wieder köstlich und wusste damit einen Grund mehr, warum die Deutschen die deutschsprachige AIDA so lieben. Aber manche Leute treiben es noch doller. Zum Menü gehört ein Joghurt, der aus der Werbung als „der große Bauer" bekannt ist. Ich wusste gar nicht, dass es den auch in einer Miniversion gibt. Quasi in Fruchtzwerggröße. Und es gibt tatsächlich Menschen, die ihren kleinen Becher bei den Flugbegleitern von Erdbeere in Blaubeere oder noch besser in Pfirsich-Maracuja oder umgekehrt tauschen wollen. Echt der Hammer. Man könnte ja auch erstmal mit anderen Reisenden tauschen oder es vielleicht einfach mal gut sein lassen. Egal, ich bin jetzt schon sicher, dass ich auch an Bord des Schiffes solche netten Menschen treffen werde. Nach der köstlichen Zwischenmahlzeit, die zur Krönung mit einem eingepackten Stückchen Käsekuchen beendet wird, bleibt noch eine gute Stunde bis zur Landung. Die Zeit vertreibe ich mir unter anderem mit dem Bordmagazin. Neben ein paar Reiseberichten interessiert mich vor allem die Seite mit den Kinderrätseln. Insbesondere der berühmte Käpt'n Blaubär hat es mir angetan. Der behauptet heute, dass schon seit Jahren weltweit auf jedem Schiff die Matrosen mit dem Weckruf „Reise Reise" geweckt würden. Ob denn dass wohl stimmt? Ich sollte es bald erfahren.

Das Wetter ist übrigens zusehends besser geworden. Unter mir erkenne ich bereits den in der Sonne schimmernden Atlantik. Und kurze Zeit später ist es soweit. Die Maschine ist im Landeanflug. Butterweich setzt der Kapitän auf der Landebahn auf, was einige der Pauschaltouristen zu spontanem Szenenapplaus animiert. Sofort nach dem Aufsetzen der Maschine springen die ersten Leute auf, um ihr Handgepäck aus den Staufächern zu holen. Dabei stehen sie mitten im Gang und sich gegenseitig im Weg. Da unser Schiff ja nicht ohne uns startet, bleiben wir entspannt sitzen. Plötzlich fällt mir ein, dass heute Samstag ist und zwar Nachmittag. Hier ist es viertel nach Vier, in Deutschland schon eine Stunde später. Also? Genau! Bundesliga ist zu Ende. Wenn ihr aus dem Ruhrgebiet seid, wisst ihr ja, dass es nur ganz wenige Menschen in dieser Region gibt, die das völlig kalt lässt. Zu denen gehöre ich nicht. Wenn ich kurz zurückblenden darf ins Jahr 1972? In diesem Jahr fiel meine Entscheidung, welche Farben ich zukünftig und wohl mein Leben lang unterstützen werde. Mit ein paar Ausnahmen der in Essen, Bochum, Duisburg oder Oberhausen wohnenden Fans (sowie einigen Kunden des Deutschen Rekordmeisters) entscheidet man sich im Ruhrgebiet für Blau-Weiß oder Schwarz-Gelb. Und dabei bleibt man für gewöhnlich sein Leben lang. Meine Entscheidung fiel also schon 1972 für Blau-Weiß. Genauer gesagt für „Königsblau-Weiß". Irgendwann im Mai saß ich mit meinem Oppa, der natürlich ein echter Bergmann war, vor dem Radio und bejubelte den Pokalsieg des FC Schalke 04 gegen Kaiserslautern. Seitdem bin ich vom blauweißen Virus infiziert und da mein Verein heute ein Heimspiel gegen die Berliner Hertha hat, rappelt kurz nach der Landung mein Handy. Mein Kollege Christian versorgt mich mit der wichtigen Info des 1:0 Sieges der Schalker. Ich blicke zu Andy hinüber (der zwar ein Bochumer Junge ist) und rufe ihm das Ergebnis zu. Einige Reihen hinter mir hat ein Mann meinen Ruf wohl mitbekommen und schreit durch den Gang: „Wat steht Schalke?". Herrlich, oder? Ich liebe das Ruhrgebiet.

Aber jetzt genug davon. Der Urlaub kann beginnen. Gut gelaunt nehme ich in aller Ruhe mein Handgepäck und bewege mich langsam in Richtung Ausgang. In der vorletzten Reihe sitzen „Olga" und „Tom". Vor ihm stehen drei Flaschen Rotwein. Natürlich leer. Sein Gesicht ist genau so rot wie der Wein vermutlich war. Der Typ ist echt der Hammer.

Dann schreite ich die „Gangway“ hinunter und atme die warme kanarische Luft ein. Las Palmas, 22 Grad, die Haare liegen. Das Abenteuer kann beginnen.

Gran Canaria

Es ist 16:30 Uhr Ortszeit, als wir unsere Koffer vom Gepäckband holen und durch eine der vielen Türen die Ankunftshalle des „Aeropuerto de Gran Canaria“ verlassen. Wir sind hier im Ortsteil Gando, etwa 18 Kilometer südlich von Las Palmas im Osten Gran Canarias. Es ist wirklich angenehm warm und unsere Jacken haben wir längst im Rucksack verstaut. Stattdessen sind Sonnenbrillen angesagt.

Vor uns stehen schön in „Reih' und Glied“ die Mitarbeiter aller möglichen Reiseveranstalter. Lange müssen wir nicht suchen, denn „unsere AIDA-Leute“ stehen direkt vor uns und lachen uns freundlich zu. Wir zücken unsere Unterlagen und bekommen nach erfolgreichem Datenabgleich ein Ticket mit einer Nummer. Diese Nummer gehört zu einem Bus, der nur wenige Meter weiter auf dem Parkplatz wartet. Bei der Übergabe des Tickets ruft uns der junge Mann zu: „Da wartet schon das Schiff, das bringt Sie zum Bus“. Vermutlich macht er diesen Witz 357 Mal am Tag. Ich finde es trotzdem lustig, denn irgendwie sorgen die „Kollegen“ sofort für gute Laune. Schnell finden wir den Bus. Wir stellen unsere Koffer ab, die wir erst an Bord wieder sehen werden. Perfekte Organisation bisher. Wir müssen auch gar nicht lange warten, bis der Bus losfahren kann, denn es bekommen genau so viele Passagiere ein Ticket mit derselben Nummer, wie auch in den Bus hineinpassen. Und wenn der Bus voll ist, geht es auch sofort los. Sehr gut gemacht, denn meistens wartet man doch ziemlich lange, bis die Busse vom Flughafen losfahren. Eine nette Mitarbeiterin erklärt uns kurz den weiteren Ablauf und schon setzt sich der Bus in Bewegung. Vor uns liegt eine knapp 20-

minütige Fahrt an der Küste entlang Richtung Norden. Viel zu sehen gibt es unterwegs nicht und so rollen wir nach kurzer Zeit auf das weitläufige Gelände des „Puerto de la Luz“ in Las Palmas. Im Bus drücken sich viele Leute die Nase an der Scheibe platt, um das Schiff endlich zu sehen. Doch ein paar Minuten müssen wir uns noch gedulden, dann sehen wir das riesige Kreuzfahrtschiff, dass für die nächsten Tage unser Hotel sein wird. Schon hält der Bus auf den Parkplätzen in der Nähe der Anlegestelle an und wir können aussteigen. Da wir uns ja - wie gesagt - nicht um unser Gepäck kümmern müssen, folgen wir gleich einer weiteren AIDA-Mitarbeiterin in die Zollhalle. Dort wird uns ein erfrischendes Kaltgetränk angeboten, das wir bei der für uns noch ungewohnten Wärme gerne annehmen. Dann müssen wir den richtigen „Check-In-Schalter“ finden. An Bord des Schiffes ist jedes Deck in einer anderen Farbe gekennzeichnet. Unsere Kofferanhänger hatten bereits eine neon-orange Farbe und auch der Schalter für unser Deck 7 ist hier in orange. Das ist doch echt idiotensicher. Zum Glück haben alle Gäste vor uns ihre Kabinen auf anderen Decks und so können wir gleich nach vorn durchstarten.
Die „Check-In-Prozedur“ besteht aus mehreren Schritten. Zunächst geben wir unseren „Voucher“ ab, dann wird ein Foto von uns gemacht, damit auch jeder an Bord weiß, was für hübsche Leute zu Gast sind. Anschließend geben wir die Kreditkartennummer bekannt, da an Bord so gut wie kein Bargeld benötigt wird und alle anfallenden Kosten direkt abgerechnet werden. Und dann endlich bekommen wir jeder unsere eigene Bordkarte. Das wichtigste Dokument für die nächsten Tage. Ohne diese Karte existiert man quasi gar nicht. Die ganze Prozedur dauert insgesamt keine 10 Minuten. Immer noch begeistert von der guten Organisation bisher verlassen wir die Zollhalle und schlendern zurück in die Sonne. Bevor wir aber an Bord gehen, bleiben wir stehen und registrieren

erst jetzt so richtig, wie groß dieses Schiff „in echt“ ist. Bisher hatten wir ja lediglich Fotos gesehen (wenn man mal von meinem Erlebnis in Hamburg absieht). Unglaublich, wie lang und hoch der „Kutter“ ist. Insbesondere fallen die großen Augen und der rote Kussmund am Bug ins Auge. Da wir in den nächsten Tagen noch ausreichend Gelegenheit haben, das Schiff zu bewundern, halten wir uns nicht zu lange auf und gehen an Bord. Doch vorher werden wir noch einmal aufgehalten. Zwei junge Damen mit Kamera erwarten uns und machen ein Gruppenfoto. Irgendwann später können wir unser Foto erwerben. Doch jetzt ist es erstmal soweit und wir dürfen an Bord.
Frohgemut überschreiten wir die „Gangway“, die auch auf Schiffen mit deutschem Konzept so heißt. Und was erwartet uns direkt am Eingang? Richtig! Sicherheitskontrolle! Unsere vor wenigen Minuten entstandenen Fotos erscheinen bereits auf dem Monitor des Sicherheitschefs und seiner Gehilfen. Das Handgepäck wird auch noch mal geröntgt und wenige Sekunden später sind wir „drin“. Das war ja einfach, würde „der Boris“ sagen. Obwohl inzwischen fast neun Stunden vergangen sind, seit wir die Wohnung verlassen haben, sind wir topfit. Das liegt wohl an der spannenden Erwartung auf all das, was in den nächsten Tagen auf uns zu kommt. Wir stehen direkt vor den Aufzügen und rauschen damit ab zu Deck 7. Die Tür geht auf und wir stehen in einem Treppenhaus. Auf beiden Seiten ist ein Durchgang zu den Kabinen. Wir gehen auf einen der Durchgänge zu und sehen erstmal nur orange. Und gelb. Es gibt tatsächlich keine anderen Farben und das auf gefühlten 500 Metern. Der Korridor wirkt tatsächlich unendlich lang. Die gelben Wände sind nur von den orangefarbenen Türen unterbrochen und der Teppich ist in orange-gelb gehalten. Eine echte Augenweide also. Als sich unsere Augen an diese tollen Farben gewöhnt haben, suchen wir unsere Ka-

binennummer auf den Hinweistafeln bzw. Wegweisern. Aber wir suchen vergeblich, denn wir haben die falsche Seite erwischt. Also umdrehen und dasselbe noch mal auf der anderen Seite. Und tatsächlich finden wir den Bereich, der auch unsere Nummern enthält. Von unserem Standort aus sind es aber noch ein „paar Meter“ zu gehen und wir wandern los. Gute 100 Meter weiter ist wieder ein Treppenhaus, aus dem es ziemlich unangenehm riecht. Hoffentlich ist das kein Dauerzustand.

Endlich ist es soweit. Wir stehen vor unserer Kabinentür Nr. 7267. Bevor wir die Tür öffnen, schießt mir urplötzlich ein merkwürdiger Gedanke durch den Kopf. Ich erinnere mich an einen meiner Lieblingsfilme. „Das Boot“ von Wolfgang Petersen. Mir fallen die winzigen Kabinen oder besser gesagt Kojen ein, in die sich Deutschlands Top-Schauspieler immer wieder reinquetschen müssen. Ich sehe Martin Semmelrogge, Ralf Richter, Heinz Hoenig, Uwe Ochsenknecht und natürlich Herbert G. aus Bochum, wie sie in die dunklen und dreckigen Betten kriechen. Komisch, dass mir das gerade jetzt einfällt. Erwartet mich etwa auch so eine „gemütliche“ Unterkunft?

Wir wollen die Tür mit einer unserer Bordkarten öffnen, doch ein kleines rotes Licht leuchtet auf. Die Tür bleibt zu. Heidi und Andy geht es genau so. Was ist los? Haben wir etwa schon am ersten Tag „Lokalverbot“? Anja startet einen zweiten Versuch mit der anderen Karte und schon geht die Tür auf. Sie hat wohl das bessere „Händchen“ heute. Wir betreten den Raum, der in den nächsten sieben Tagen unsere Heimat sein wird. Ich sehe ein wirklich gemütliches Zimmer, das mit knapp 17 qm gar nicht mal so klein ist. Schöne bunte Farben lassen den Raum alles andere als langweilig aussehen. Auf dem kleinen Flachbildmonitor werden wir namentlich begrüßt.

Dazu läuft gute Musik aus dem Bordradio. Der erste Eindruck von unserem Zimmer ist schon mal positiv. Ich starte durch bis auf den Balkon. Ach ja, ich habe noch gar nicht erwähnt, dass wir uns bei der Auswahl der Zimmerkategorie für eine Außenkabine mit Balkon entschieden hatten. Das kostet zwar einen satten Preisaufschlag, doch wenn wir schon auf dem Meer unterwegs sind, wollen wir auch so viel wie möglich davon sehen. Viele Passagiere argumentieren, dass sie ja eh bloß zum Schlafen in der Kabine seien und sparen sich den Aufpreis für Außenkabine und erst recht für den Balkon. Aber zum Glück ist das ja Geschmackssache (oder natürlich auch eine Kostenfrage). Wir haben uns jedenfalls für den Balkon entschieden und sollten es nicht bereuen.

Für mich, der einen Großteil seiner Urlaubstage in kleinen Zelten verbracht hat, ist diese Kabine fast schon Luxus. Der Schrank bietet jede Menge Platz für zwei Personen und auch das Bett ist groß genug, um sich lang auszustrecken. Trotzdem ist noch ausreichend Platz, um sich zu bewegen. Ein Sessel mit kleinem Tisch davor bietet sogar eine weitere Sitzgelegenheit. Auf einem kleinen Schrank, der die Minibar beherbergt, steht der bereits angesprochene Flachbildmonitor. Dieser ist Informationsquelle, Fernseher und Radio gleichzeitig. Das Fernsehprogramm interessiert mich in dieser Woche nun wirklich nicht, doch die angebotenen Musikkanäle sind klasse. Mehrere Musikrichtungen für jeden Geschmack stehen zur Auswahl. Da man sogar die nächsten zehn Songs in einer Vorauswahlliste sehen kann, entscheide ich mich für den Rock-Kanal und erfreue mich in den nächsten Minuten an Musik von U2, R.E.M und Metallica. Guter Einstand, wie ich finde. Ansonsten bietet uns der Monitor alle nur erdenklichen Informationen. Neben allen wichtigen Rufnummern kann man die Öffnungszeiten der Restaurants, Bars, Fitness- und

Wellnesscentern und allen weiteren Einrichtungen an Bord abrufen. Dann gibt es Informationen über alle Veranstaltungen an Bord sowie über die Landausflüge. Aber damit halten wir uns zunächst mal nicht auf. Was mich noch brennend interessiert, ist das Bad. Ich habe kaum eine Vorstellung, wie das wohl auf diesem Schiff aussieht. Wenn ich an die Toiletten und Waschräume auf den Fähren denke, erwarte ich auch hier einen kleinen stickigen Raum, in dem man sich kaum drehen und wenden kann. Ich öffne die Tür zum Bad und staune nicht schlecht. Der Raum ist zwar klein, doch blitzblank und so gut aufgeteilt, dass man sich eben doch bewegen kann. Passend zum gesamten Deck ist der Fußboden in orange und gelb gefliest. Dann fällt mir vor allem der Waschtisch direkt ins Auge. Der ist in knallorange gehalten und ein echter Blickfang. Die Eckdusche sieht auch einladend aus mit einer Schiebetür aus Glas und in ausreichender Größe – zumindest für uns sportliche Typen. Wie eine Person mit dem doppelten Gewicht von mir hier duschen will, stelle ich mir lieber nicht vor. Die Armaturen in der Dusche und am Waschtisch sind von einem namhaften deutschen Markenhersteller und entsprechend robust und schön. Für das WC gibt es sogar eine Bedienungsanleitung, denn das Absaugsystem ist echt ausgeklügelt. Ich denke, näher muss man auf dieses Thema aber nicht eingehen, obwohl sich die Herren Ingenieure dabei ganz schön was ausgedacht haben. Das mit dem Ausdenken gilt auch für die Ausstatter der Handtücher. Wer kennt das nicht, wenn zwei Leute im Doppelzimmer sind und spätestens nach zwei Badaufenthalten keiner mehr weiß, wer welches Handtuch genommen hatte? Weil die immer alle gleich aussehen. Und hier? Eine Garnitur in eidottergelb und die andere in knallorange. Das ist doch super. Geniale Idee und da ich als königsblauer Fußballfan natürlich niemals gelb nehme, amüsiere ich mich eine Woche mit meinen Handtüchern in orange.

Es klopft und ich öffne die Tür. Unsere Koffer sind schon da. Keine 10 Minuten nach uns ist das Gepäck vollständig und unbeschädigt eingetroffen. Da ist ein gutes Trinkgeld für die Jungs fällig, die für ein paar Stunden echte Schwerstarbeit verrichten. Während sich die Gattin gleich über das Gepäck her macht und Blusen und Hemden knitterfrei verstaut, inspiziere ich unseren Balkon. Er bietet genügend Platz für zwei bequeme Stühle und einen kleinen Tisch. In einer Ecke hängt eine Hängematte. Was sollte sie auch sonst machen - bei dem Namen? Die werde ich sicher demnächst ausprobieren. Dann lass ich mal den Blick schweifen. Unsere Kabine liegt mit Blick zum Festland (sagt man das auch bei einer Insel? Ich glaub schon...), also sehe ich einen Teil von Las Palmas. Genauer gesagt das Hafengelände. Und in der Ferne sehe ich ein paar Berge aufsteigen. Direkt gegenüber liegen einige weitere Schiffe, allerdings nicht so große. Eines davon fällt mir aber doch ins Auge. Es sieht aus wie eine riesige Autofähre und hört auf den Namen ARMAS. In dem Augenblick tritt auch Andy in der Kabine neben uns auf den Balkon und ich lasse das Schiff erstmal aus den Augen. Wir tauschen unsere ersten Eindrücke über die Kabinen aus und kommen schnell zu der gemeinsamen Feststellung, dass wir bei der ungewohnten kanarischen Wärme ganz schön „Brand" haben, wie man so schön im Ruhrpott sagt (woanders vermutlich auch). Wir beschließen, dass wir uns ganz kurz frisch machen, um dann einen ersten „Kontrollgang" zu unternehmen. Ein paar Minuten später treffen wir uns vor der Tür und laufen wieder kilometerweit den orange-gelben Gang entlang. Der komische Geruch ist übrigens weg. Der kam wohl aus dem Maschinenraum und da alle Türen von unten bis oben offen waren, verteilte sich die Geruchsmischung aus Diesel und Reinigungsmitteln auf dem ganzen Schiff. Jetzt ist aber wieder alles gut.

Bevor wir das Oberdeck inspizieren, suchen wir zunächst die Rezeption, um unsere defekten Bordkarten auszutauschen. Dazu müssen wir zum Deck 5, also 2 Etagen nach unten. Natürlich nehmen wir jetzt nicht den Aufzug, sondern die Treppen. Das nehmen wir uns auch für die gesamte Zeit an Bord vor, um einer möglichen Gewichtszunahme als Folge von eklatantem Bewegungsmangel zuvor zu kommen. Auf dem Deck 5 befindet sich in der Mitte des Schiffes die Rezeption. Das Schiff ist an dieser Stelle bis rauf zum Deck 10 an beiden Seiten verglast. Es ist also wunderbar hell hier. Zum Glück haben die Damen an der Rezeption Langeweile, weil kein Kunde mit dummen Fragen nervt. Da kommen wir gerade recht. Auch hier werden wir mit einem Lächeln begrüßt und unsere defekten Karten werden umgehend ausgetauscht. Dann geht's wieder zurück ins Treppenhaus und ab nach oben. Auf dem Oberdeck ist schon einiges los. Überall laufen Menschen auf und ab und bestaunen das Schiff. Bei angenehmen 20 Grad drehen auch wir eine Runde, bevor wir eine der Bars aufsuchen. Der sogenannte „Freibereich" erstreckt sich über die Decks 11, 12 und 13. Wir nehmen die paar Stufen zum Deck 12 und bestellen an der „Poolbar" die erste Runde auf spanischem Boden. Falls man das auf einem Schiff in einem kanarischen Hafen überhaupt so nennen darf. Dass auch an dieser Bar das gesamte Personal überaus freundlich und gut gelaunt ist, erwähne ich jetzt zum letzten Mal. Erst wenn ich auf einen unfreundlichen Mitarbeiter treffe, sage ich Bescheid. Andy zückt seine Bordkarte und übernimmt die Runde Prosecco für die Damen und Pils für uns. Die Kosten halten sich übrigens im Rahmen, denn ich hatte eigentlich mit exorbitanten Wucherpreisen an Bord gerechnet. Wir lassen uns die kühlen Getränke schmecken und beobachten das muntere Treiben um uns herum. Die meisten Menschen sind wie wir gut gelaunt und in froher Erwartung auf die kommende Woche.

Bei einigen Gästen habe ich aber den Eindruck, dass sie gegen ihren Willen hier an Bord sind. Zumindest wundere ich mich über einige mürrische Gesichter. Vielleicht täusche ich mich aber und die sind einfach nur etwas müde. Egal, ich will mich in dieser Woche nicht um andere Leute kümmern, sondern mich auf mein erstes Abenteuer als Seemann konzentrieren. Irgendwie kommt mir das alles noch so unwirklich vor. Noch vor ein paar Stunden haben wir am Düsseldorfer Flughafen im strömenden Regen gefroren und jetzt stehen wir hier im kurzen Hemd an der Bar und trinken Pils.

Nach der leckeren Erfrischung gehen wir noch auf eine kurze Entdeckungstour über das Deck. Zum Glück ist es noch nicht zu voll hier. Viele Gäste sind noch mit Sortierarbeiten in der Kabine beschäftigt oder vielleicht auch noch gar nicht an Bord. Da wir seit dem „Chicken-Pasta-kleiner-Bauer-Menü" im Flugzeug nichts mehr gegessen haben, meldet sich allmählich der kleine Hunger. Also machen wir uns auf die Suche nach den Restaurants. Das Schiff soll um 20 Uhr ablegen und da wollen wir natürlich live am Oberdeck dabei sein. Also gehen wir heute mal zeitig zum Abendessen. Insgesamt stehen uns vier Restaurants in Buffetform zur Verfügung, in denen alle Speisen und Getränke im Preis enthalten sind. Und zwar morgens, mittags und abends. Zusätzlich gibt es auch kostenpflichtige Restaurants, wo dann gepflegt am Tisch serviert wird. Damit befassen wir uns später. Vielleicht. Da wir völlig unvorbelastet sind, wählen wir für unseren ersten Abend das Restaurant „Bella Vista", das von allen auf dem höchsten Deck liegt.

Am Eingang werden wir von einigen „Leichtmatrosen" freundlich gegrüßt. Das Restaurant ist glücklicherweise auch nicht besonders voll. Der erste Eindruck ist nicht schlecht. Es ist hell und gemütlich hier. Eine Seite (keine Ahnung, ob Steuer- oder Backbord) ist vollständig verglast und lässt ganz viel Licht hinein. Vor den riesigen Fensterscheiben stehen Tische und Stühle, während in der Mitte höhere Tische mit einer Art Barhocker stehen. Auf der anderen Seite werden die Speisen angeboten. Grundsätzlich halte ich nicht viel von Hotelessen in Buffetform. Meistens rennen ständig tausende von Menschen kreuz und quer durch den Raum, um sich ihre Speisen und Getränke zu holen. Und wenn man Pech hat, werden leere Schalen nicht wieder aufgefüllt oder das Essen ist schon kalt, bevor man seinen Platz wieder erreicht hat. Ich bin gespannt, was uns hier auf dem Schiff erwartet. Wir wählen einen der höheren Tische, der genau unter einem Baum steht. Sieht sehr gemütlich aus. Wir haben kaum Platz genommen, da kommt bereits ein junger Mann aus dem „Großraum Asien" an unseren Tisch und versorgt uns mit großen Karaffen voller Rotwein, Weißwein und Mineralwasser. Während der Mahlzeiten sind hier an Bord alle Getränke inklusive. Wasser und Wein wird am Tisch serviert, Bier und alle anderen alkoholfreien Getränke (zum besseren Verständnis „Softdrinks" genannt) kann man sich an einem Getränkestand selbst zapfen. Auf jedem Tisch steht ein Besteckblock mit ausreichend Besteck für einen ganzen Abend sowie jede Menge Servietten. Das ist gut, denn das erspart dem Gast zumindest die „Rennerei" für diese Dinge. Wir versorgen uns zuerst mal mit Wasser und Wein und stoßen auf unseren ersten Abend an Bord an. Draußen ist es inzwischen dunkel. Durch die Glasfront schauen wir auf das beleuchtete Hafengelände und Teile von Las Palmas. Dann beginnen wir mit der Inspektion des endlos langen Buffets. Das Angebot ist riesig und in diesem Restaurant leicht italienisch angehaucht. In aller Ruhe sucht sich jeder seine Lieblingsgerichte aus und wir genießen das gemütliche Abendessen. Das Personal ist sehr aufmerksam, aber nicht aufdringlich. Ich kann kaum glauben, dass es beim Essen so gar nicht hektisch zugeht. Ich vermute allerdings, dass heute am Anreisetag alles noch etwas durcheinander läuft. An den nächsten Tagen wird sicherlich etwas mehr los sein in den Restaurants. Aber was soll's? Heute ist schon mal ein guter Anfang gemacht.

Es ist jetzt kurz nach halb acht, also nicht mal mehr eine halbe Stunde bis zum Start. Wir sitzen gerade beim letzten Glas Wein, als sich über die Bordlautsprecher der Kapitän meldet. Schon nach dem ersten Satz schauen wir uns an und müssen alle lachen. Der Kapitän hat eine kräftige und durchdringende Stimme mit einem leichten nord- bis nordostdeutschen Dialekt. Und er redet wie man so schön sagt „Frei Schnauze". Kein Geschwafel, sondern eine einfache und ehrliche Begrüßung. Er teilt uns mit, dass es in wenigen Minuten losgeht und lädt alle Passagiere um 21:30 Uhr zu einem Glas Sekt auf das Oberdeck sind. Dann kommt eine ganz wichtige Mitteilung für eine gewisse „Irene". Falls sie bereits an Bord ist, soll sie sich umgehend an der Rezeption melden. Andy und ich sehen uns wieder an und lachen uns erneut kaputt (das liegt übrigens nicht am Rotwein – wir sind immer so...). Entweder ist Irene echt cool und kommt hier auf den allerletzten Drücker an Bord oder sie ist bereits an Bord und keiner hat es mitbekommen. Das wäre ja noch cooler. Also wir sind brennend daran interessiert, wie die Sache mit Irene weitergeht. Doch jetzt stellen wir unsere Sorge um die fehlende Passagierin erstmal zurück und machen uns auf den Weg zum Oberdeck.

Und der Koch in der Kombüse,
dieses zentnerschwere Schwein
kocht uns alle Tage Pampe,
Uschi, Uschi, wie gemein !

Hollahi, Hollaho...

Auf See

Der Boden unter unseren Füßen vibriert, als wir das Oberdeck erreichen. Inzwischen haben sich nahezu alle Passagiere hier oben versammelt, denn jetzt ist es richtig voll. Aber dieses Schiff ist so groß, dass jeder Gast einen Platz findet, um das erste Auslaufen hautnah zu erleben. Es ist stockdunkel und man sieht den beleuchteten Hafen und in der Ferne vereinzelte Lichter in den Bergen. Die Musik aus den Bordlautsprechern wird lauter. Wir hören die ersten Klänge des Liedes *Orinoco Fly* der irischen Sängerin *Enya*. Dieser Song ist zwar schon 20 Jahre alt, aber aufgrund des häufig gesungenen Refrains „Sail Away“ wie geschaffen für ein Schiff, das gerade einen Hafen verlässt. Nahezu alle Menschen um uns herum verharren in andächtiger Stille, schauen auf die Lichter des Hafens oder nach oben in den dunklen Abendhimmel und lauschen verträumt diesem schönen Lied, das uns in den nächsten Tagen noch ein paar Mal begleiten wird. Daheim im verregneten Ruhrgebiet singt mein Vater jetzt sicherlich den alten Freddy Quinn-Klassiker „Junge, komm bald wieder“. Aber ich bin ja noch nicht mal richtig weg und wir kommen schon früh genug wieder.

Der „Abschieds-Song“ geht zu Ende und wir entfernen uns langsam aber sicher vom Hafen. Noch eine ganze Zeit lang sehen wir die Umrisse von Gran Canaria, bis es irgendwann um uns herum überall stockdunkel wird. Inzwischen hat es sich auch etwas abgekühlt und uns weht ein leichter Wind um die Ohren. Da wir ziemlich leicht bekleidet sind, machen wir uns auf den Weg zur Kabine, um irgendwas Wärmeres anzuziehen. Doch der Weg ist lang. Wir schlendern an mehreren Bars vorbei, bis wir eines der Treppenhäuser erreichen und nehmen locker die Stufen bis zum 7. Deck hinunter. Als wir uns orientieren wollen, welchen der Flure wir nehmen müssen, sehen wir auf der einen Seite zwei ältere Frauen in dem Durchgang stehen. Sie schauen unsicher von rechts nach links und sind unschlüssig, welche Richtung sie einschlagen sollen. Da ertönt in ohrenbetäubender Lautstärke der markerschütternde Schrei: „Häääähr-Bääääärt!“ und wie aus dem nichts taucht „Herbert“ auf. Er besticht durch bombensicheres Auftreten, als wäre er auf Kreuzfahrtschiffen aufgewachsen und geht gezielt nach links den Gang entlang. Schnell werfen wir einen Blick auf die Hinweistafeln und folgen Herbert und seinen Damen, da auch unsere Kabinen in dieser Richtung liegen. Vor unseren Türen prüfen wir kurz, ob denn jetzt beide Bordkarten funktionieren. Natürlich – also alles bestens. Wir halten uns nicht lange auf und kurze Zeit später marschieren wir den farbenfrohen Gang entlang und gehen zurück auf das Oberdeck.

Hier herrscht inzwischen Jubel, Trubel und Heiterkeit. Aus den Boxen dröhnen irgendwelche aktuellen Sommerhits, die einen schnell vergessen lassen, dass heute immer noch Nikolaustag ist. Und der Nikolaus ist nicht der Osterhase, sagte einst ein berühmter Manager eines noch berühmteren Fußballvereins im Süden der Republik, den die meisten Menschen im Ruhrgebiet so gut leiden können wie Zahnschmerzen. Aber das ist ein völlig anderes Thema. Wir genießen ganz einfach diesen Winterabend auf dem Atlantik. Auf der großen Showbühne versammeln sich inzwischen immer mehr Menschen. Die Musik wird leiser und zwei Mitglieder der AIDA-Crew übernehmen das Mikrofon. Es folgt eine herzliche Begrüßung der Gäste. Dann werden alle wichtigen Mitarbeiter, die sich in den nächsten Tagen um uns kümmern sollen, vorgestellt. Während die Namen der Animateure, Bar- und Restaurantchefs und weiteren Ansprechpartnern vorgelesen und vom „Publikum" heftig beklatscht werden, steht auf einem riesigen Tisch der Sekt bereit. Jeder Gast darf sich hier sein Gläschen abholen. Um Glasbruchschäden und Scherbenmeere zu verhindern, sind die Gläser natürlich aus Plastik. Was aber einen Großteil der gesitteten Touristen nicht davon abhält, sich gleich beidhändig mit dem seit einiger Zeit nicht mehr gekühlten Schampus zu versorgen. Die typische Reaktion also, wenn es etwas „für lau" gibt. Auch wenn es nett gemeint ist, lehnen wir diese Einladung ab und holen uns eine Runde eisgekühlter Getränke an einer der Bars. Das ist ja erstmal auch „für lau", denn an die Abrechnung der Bordkarte denken wir doch heute noch nicht. Mit den leckeren Drinks in der Hand lauschen wir weiterhin der Vorstellung der nicht enden wollenden Schar der Mitarbeiter. Vergeblich warte ich auf eine Bordhostess namens Beatrice. Aber die ist ja schließlich immer noch als „Oberschwester" auf dem einzig wahren Traumschiff tätig. Unsere beiden Damen hätten sicher lieber ein braungebranntes Double von Sascha Hehn gesehen, doch auch damit kann die Crew nicht dienen. Wir haben uns inzwischen einen schönen Platz etwas abseits der Bühne gesucht. Dort ist es nicht ganz so laut und wir können den Tag hier in aller Ruhe ausklingen lassen. Neben mir stehen plötzlich zwei junge Männer in einem schicken blauen Radfahrer-Outfit. Sie tragen kurze Hose und kurze Ärmel und frieren offensichtlich. Ich spreche einen der beiden an und möchte wissen, was er denn heute noch für einen Einsatz hat. Er lächelt etwas verkniffen und sagt kurz und knapp: „Clubtanz". Auch das noch. Die Jungs frieren noch ein paar Minuten weiter, dann starten sie im lockeren Dauerlauf zur Bühne, die inzwischen immer voller wird. Und dann kommt er tatsächlich. DER CLUBTANZ. Das ist nun wirklich das, was ich eigentlich am wenigsten brauche. Da mein Musikstil genau in die Gegenrichtung geht, verstecke ich mich sicherheitshalber noch etwas weiter zurück im Schatten. Wenn *Campino* von den *Toten Hosen* mich hier sehen würde, lässt der mich nie wieder auf seine Konzerte. Ein paar Minuten zappeln, hüpfen und klatschen die meisten Leute zu den Klängen eines mir nicht bekannten Hits, dann ist es vorbei. Ich will mich aber gar nicht beschweren, denn es war ja klar, dass es auf einem Clubschiff so abgehen würde. Und der Großteil der Gäste ist davon begeistert. Soll auch so sein, schließlich zwingt einen ja keiner, mit zu machen. Zum endgültigen Abschluss des Abends gönnen Andy und ich uns noch eine eiskalte Flasche Gerstensaft, der nach dem original spanischen Reinheitsgebot eines balearischen Braumeisters namens Hans-Pablo Miguel gebraut wurde. Der wurde irgendwann heilig gesprochen und seitdem hört sein leckeres Bier auf den Namen „San Miguel". Nein, heute ist nicht der 1. April und bevor uns das Niveau völlig entgleitet, beenden wir diesen Tag lieber in unserer Kabine. Wir folgen unseren Frauen, die inzwischen zielsicher den Weg kennen. Allerdings nur, bis sie das bereits bekannte Treppenhaus erreichen. Als ich gerade überlege, ob es überhaupt Treppen-Haus auf einem Schiff heißt oder wohl „Treppen-Schiff", ertönt auf dem Durchgang ein lauter Schrei. „Häääär-Bääärt" ruft eine mir bekannte Stimme. Es ist meine Gattin, die verzweifelt die richtige Richtung zu unserer Kabine sucht. Wir amüsieren uns alle köstlich und finden den Weg auch ohne den berühmten Pfadfinder Herbert.

Nach einem kurzen Kontrollbesuch auf dem Balkon und einem Blick über den stockdunklen Ozean fallen wir endlich müde und zufrieden in unsere Betten. Wir lassen die Balkontür einen Spalt geöffnet und bei den gleichmäßigen Geräuschen des Meeres und der Maschinen schlafen wir irgendwann ein.

Ein paar Stunden später werden wir von demselben Geräusch geweckt. Schnell springen wir aus den Federn und unsere ersten Schritte führen uns natürlich wieder auf den Balkon. Wo es eben noch stockdunkel war, sehen wir jetzt ausschließlich blau. Das Meer leuchtet tiefblau und der Himmel über uns strahlt in königsblau. Obwohl die Sonne scheint, ist es noch etwas frisch. Andy steht auch auf dem Balkon und wir verabreden uns zum Frühstück in einer halben Stunde. Kurze Zeit später meldet sich der Käpt'n persönlich und wünscht allen Reisenden einen wunderschönen guten Morgen. Und das Ganze in einer irren Lautstärke. Wer noch nicht wach war, der ist es jetzt. Dann kündigt er schon mal eine Sicherheitsübung an, die im Laufe des Vormittags stattfinden wird.

Pünktlich wie die Maurer treffen wir uns frisch und munter auf dem Gang und beschließen, das Frühstück im „Bella Vista" einzunehmen. Das helle und weitläufige Restaurant hat uns am ersten Abend gut gefallen. Auch heute Morgen ist es hier nicht so besonders voll und wir genießen ein ausgiebiges Frühstück, das keine Wünsche offen lässt. Durch die großen Fenster haben wir einen tollen Meerblick, den wir anschließend auch vom Oberdeck erleben wollen. Wir laufen die Treppen rauf und genießen die frische Luft und die unendliche Weite des Ozeans. Das ist wirklich beeindruckend, wenn man um sich herum nichts als Wasser sieht. Kein einziges Boot ist zu sehen, weder rechts noch links. Pardon, weder Steuerbord noch Backbord. So viel Zeit muss sein. Uns bleibt allerdings jetzt nicht sehr viel Zeit, denn die internationalen Vorschriften schreiben innerhalb der ersten 24 Stunden nach dem Auslaufen eine Sicherheitsübung vor. Da gibt es keine Ausnahme und jeder Gast ist zur Teilnahme verpflichtet. Wir machen uns wieder auf den Weg zur Kabine, die wir erneut ohne „Chefscout" Herbert finden. Im Schrank liegen hübsche orangefarbene Rettungswesten bereit, die wir anlegen müssen, sobald ein bestimmtes Signal erklingt. Das Generalalarmsignal erschallt kurze Zeit später unüberhörbar 7 x kurz und 1 x lang. Am Schrank hängt eine Information über die verschiedenen Sammelpunkte, an denen sich alle Passagiere einzufinden haben. Also werfen wir die Westen über und gehen auf den Gang, wo es bereits vor Sicherheitsübenden wimmelt. Mindestens die Hälfte der Leute hat keine Ahnung, wo der richtige Sammelpunkt überhaupt ist und läuft gezielt in der Herde mit. „Wo ist Herbert?“ frage ich Andy. „Der kennt das Schiff doch wie seine Westentasche und ist schon da“. Wir schmunzeln und schauen uns amüsiert die Menschenmassen an, die wie ein Ameisenhaufen durcheinander rennen. Zum Glück steht an jeder Treppe ein Mitarbeiter des Hauses und weist den Suchenden den richtigen Weg. Irgendwann stehen dann alle an einem der 11 Sammelplätze auf Deck 5 unter dem grünweißen Schild mit dem für sie zuständigen Sammelplatzbuchstaben (dieses Wort steht wirklich in der Informationsbroschüre). Wir stehen inmitten der Menschentraube unter unserem Sammelplatzbuchstaben Y. Über die Lautsprecher erklärt ein Sicherheitsoffizier, was wir alles machen müssen, wenn das Generalalarmsignal ertönt. Viele Leute hören gar nicht zu und quatschen mit anderen Gästen. Oder sie freuen sich, dass sie mit der Rettungsweste ihre Frisuren nicht zerstört haben. Da jetzt wirklich alle Passagiere versammelt sind, können wir erkennen, dass wir eindeutig zu den jüngsten Gästen gehören. Der überwiegende Teil ist im Rentenalter, einige davon im ganz weit Fortgeschrittenen. Kinder sind dagegen kaum an Bord, was natürlich daran liegt, dass zurzeit nirgendwo Ferien sind. In unserem Alter gibt es auch ein paar Gäste, aber nach Lage der Dinge sind wir hier von Rentnern umzingelt. Als ein lautes Signal das Ende der Sicherheitsübung ankündigt, bewegt sich der Ameisenhaufen wieder in das Innere des Schiffes. Wir bleiben noch ein paar Minuten draußen, bis der größte Trubel vorbei ist. Ich bezweifele, dass die meisten Menschen hier alles verstanden haben und hoffe inständig, dass wir von einer ernsthaften Havarie verschont bleiben. Der ernste Teil des Tages ist jetzt vorbei, also verscheuche ich die Gedanken an ein mögliches Schiffsunglück und wir wollen uns dem gemütlichen Teil widmen. Da die Temperaturen inzwischen ganz angenehm sind, wollen wir uns einen schönen sonnigen Platz auf dem Oberdeck suchen.

Nach einem kurzen Boxenstopp in der Kabine treffen wir uns leicht bekleidet in der Nähe des Pools und finden sogar vier Liegestühle. Bis zur Ankunft in Funchal auf Madeira sind es noch gut zwei Stunden und diese Zeit wollen wir mit einfachem Nichtstun verbringen. Sonntagmorgen, 11 Uhr und nichts zu tun. Herrlich. Aus den Boxen dröhnt ein Sommerhit nach dem anderen und die Menschen um uns herum sind alle gut gelaunt. Dazu trägt auch eine leckere Erdbeerbowle bei, die zur Feier des Tages heute für „kleines Geld" angeboten wird. Ich will unsere Damen damit beglücken und stelle mich an einer der beiden Bowle-Ausgabestellen an. Das Angebot kommt gut an, denn mindestens fünf Leute sind noch vor mir dran. Hinter mir steht eine ältere Frau, die gerade einer anderen Frau erzählt, dass sie bereits seit acht Tagen an Bord ist. Sie hat schon in der letzten Woche diese Tour gemacht und ist in Las Palmas auf dem Schiff geblieben. „Rentner müsste man sein" denke ich neidisch und lächle die Frau an. „Hoffentlich bleibt das Wetter so gut, laut Vorhersage soll es erheblich kälter werden" sagt sie. Ich wünsche ihr noch schnell viel Spaß in dieser Woche und dann bin ich auch schon an der Reihe. Mit den beiden Gläsern in der Hand gehe ich zurück zu den anderen und sehe die leuchtenden Augen von Heidi und Anja. „Es könnte einem schlechter gehen" lachen beide und prosten sich zu. Andy und ich halten uns mit alkoholischen Spezialitäten zurück, da wir am Nachmittag unseren Mietwagen abholen wollen. Als wir alle in der Sonne liegen und vor uns hin träumen, meldet sich wieder der Käpt'n und kündigt die vor uns liegende Insel an. Außerdem hat er an der Steuerbordseite ein „Rudel" Delphine ausgemacht. Sofort springen einige Gäste auf, um Flipper und seine Freunde zu sehen. Von Madeira können wir leider noch nichts sehen, da die Insel direkt vor uns liegt und man nicht in diese Richtung sehen kann. Vorne im Bug des Schiffes sind neben einigen Suiten auch die Mannschaftsunterkünfte untergebracht. Und da man nicht soweit nach vorn gehen kann, sieht man in diese Richtung leider nichts. Seitlich von uns tauchen allerdings ebenfalls zwei Inseln auf. Bei genauem Hinsehen sind es sogar mehrere kleine Inseln. Wir haben uns natürlich vorher schlau gemacht und wissen deshalb, dass es sich um die „Ilhas Desertas" und die „Ilhas Selvagens" handelt.

„Ilhas Desertas – Wüsteninseln – heißt die Inselgruppe, die vor der Südostküste der Hauptinsel Madeira liegt. Ihre drei Inseln „Ilheu Chão", „Deserta Grande" und „Bugio" sind weitgehend unbewohnt, zumindest von Menschen. Nur eine Forschungsstation existiert auf „Deserta Grande", die jedoch ausschließlich von Forschern mit einer Ausnahmegenehmigung betreten werden darf. Und wozu dieser Aufwand für eine unbewohnte Insel? Ganz einfach, die „Ilhas Desertas" sind ein Rückzugsgebiet der seltenen Mönchsrobben und vor allem aus diesem Grund ein Naturreservat. Nur auf „Deserta Grande" lebt die Deserta-Tarantel, eine seltene Spinnenart, die hier ebenfalls unter strengem Naturschutz steht.

Nicht weit entfernt von den „Ilhas Desertas" liegen die „Wilden Inseln", die „Ilhas Selvagens". Ihrer Abgeschiedenheit und schweren Zugänglichkeit ist es zu verdanken, dass sie eine bis heute einzigartige intakte Pflanzen- und Tierwelt aufweisen. Die „Ilhas Selvagens“ bestehen eigentlich aus mehreren kleinen und kleinsten unbesiedelten Inseln, die von einem dichten Riff umschlossen werden. Aus diesem Grund fanden auf manchen der Inseln auch nie Besiedlungsversuche statt - sie waren schlichtweg nicht zugänglich. Keine der Inseln verfügt über eine Süßwasserquelle, was ebenfalls dazu beitrug, dass Menschen hier nie heimisch wurden. Vor allem Ornithologen kennen die „Ilhas Selvagens“ als Heimat unzähliger Seevögel, die dort ungestört brüten können. Die Inseln sind jedoch nicht nur ein Vogelschutzgebiet, sie sind auch ein einzigartiges Naturschutzgebiet, das 90 zum Teil nur hier heimische Pflanzenarten beherbergt. Kein Wunder also, dass die Inseln auf der Vorschlagsliste zum UNESCO-Welterbe stehen. Übrigens: Bekanntheit erlangten die „Ilhas Selvagens“ in der Vergangenheit auch unter Seeräubern und Schatzsuchern. Der berüchtigte Seeräuber *William Kidd* soll hier einen sagenhaften Schatz vergraben haben, der schon mehrfach dafür sorgte, dass einige der Inseln umgegraben wurden.

Keine Sorge, das weiß ich nicht wirklich alles auswendig, sondern mein schlauer Reiseführer hat es mir verraten. Aber natürlich will ich dieses Wissen gern mit allen Lesern teilen.

Andy und ich machen uns mit unseren Kameras auf zum Bug des Schiffes. Mal sehen, wie weit wir ungesehen kommen können. Irgendwann endet der seitliche Weg auf diesem Deck. Allerdings ist die Treppe mit der Aufschrift „Staff Only“ nicht versperrt. Da wir keine Ahnung haben, was das heißt, eilen wir schnell die paar Stufen hoch und haben hier tatsächlich „Land in Sicht“. Zum Glück ist ansonsten niemand weit und breit in Sicht und so fühlen wir uns wie *João Goncalces Zarco* und *Tristão*

Vaz, die 1418 im Auftrag Heinrichs des Seefahrers eine Erkundungsreise zum Madeira-Archipel durchgeführt haben. Wir haben einen tollen Blick auf die Insel und machen schnell ein paar Fotos.

Ich weiß gar nicht, ob sie's wussten, aber „Madeira“ hat seinen Namen vom portugiesischen Wort „madeira“, was so viel wie „Holz“ bedeutet. Die portugiesische Insel liegt etwa 1.000 km südwestlich von Lissabon und 700 km westlich der marokkanischen Küste hier im Atlantischen Ozean. Zum Archipel gehört auch die kleinere Insel „Porto Santo“ und die zwei unbewohnten kleineren Inselgruppen, die „Ilhas Desertas“ und die „Ilhas Selvagens“, die wir schon vor ein paar Minuten passiert haben.
Madeiras Hauptstadt ist Funchal mit knapp 125.000 Einwohnern. Der Hafen von Funchal ist unser heutiges Ziel. Der Käpt'n kündigt an, dass jetzt ein Lotse an Bord kommt, um unser Schiff sicher in den Hafen zu bringen. Also verlassen wir schnell unseren schönen Aussichtsposten und gehen zurück auf das Deck, wo inzwischen reges Treiben herrscht, da alle auf der Suche nach einem guten Platz für ihre Fotos sind. Wenn die wüssten, dass wir beiden Entdecker längst unsere Bilder im Kasten haben. Wir sehen, wie das Lotsenboot seitlich vom Schiff anhält und der Lotse trotz der Wellen sicher an Bord kommt. Inzwischen sieht man rechts und links die Küsten der wunderschönen Insel. Unsere Fahrt ist merklich langsamer geworden, als wir uns Stück für Stück dem Hafen nähern. Fast alle Passagiere schauen mit verträumtem Blick auf die Stadt und die dahinter liegenden Hügel und Berge, während aus den Boxen die Melodie „Conquest of Paradise“ ertönt. Wie passend. Die Eroberung des Paradieses. Und man fühlt sich wirklich ein bisschen wie der gute alte Kolumbus, obwohl bei der Musik auch ein Boxkampf von Henry Maske

angekündigt wurde. Aber der gute „Sir Henry“ ist ja inzwischen fast genau so alt wie der Herr Kolumbus, also sind wir lieber Eroberer als Boxer. Ich bin begeistert, wie einfach dieses riesige Schiff im Hafen „eingeparkt“ wird und ziehe innerlich den Hut vor unserem Käpt'n und dem Lotsen. Allerdings dauert die gesamte Einparkprozedur eine gute Stunde, doch irgendwann werden die Maschinen leiser und das Schiff liegt völlig ruhig. Wir haben unser erstes Ziel erreicht.

Und die Möwen frisch und munter
sie erfüllen ihren Zweck,
und sie spucken froh und munter
auf das frischgewasch'ne Deck

Hollahi, Hollaho...

Madeira

Funchal, 7. Dezember – 13 Uhr. Bei angenehmen 20 Grad herrscht reges Treiben an Bord der AIDAbella. Ein Teil der Gäste bereitet sich auf die Landausflüge vor, die heute schon angeboten werden. Viele gehen allerdings erstmal zum Mittagessen. Wir haben uns für heute nicht viel vorgenommen und wollen zuerst den gebuchten Mietwagen abholen und dann ein wenig die Stadt erkunden.
Vorher marschieren wir aber in unsere Kabinen, um uns schön „landfein" zu machen – was immer das auch heißt? Natürlich gehe ich zuerst auf den Balkon. Zum Glück liegt unsere Schiffsseite zum Land hin und wir haben einen tollen Blick auf den Hafen und die Stadt. Ich werfe kurz einen Blick nach links und was sehe ich? Neben uns liegt ein großes Schiff namens ARMAS. Lag dieses Schiff nicht gestern noch in Las Palmas, als wir dort gestartet sind? Unweigerlich fällt mir die Geschichte von „Hase und Igel" ein, aber irgendwie will ich mich jetzt nicht weiter damit befassen. In weiser Voraussicht ziehe ich bequeme Laufschuhe an, packe ein paar Sachen in meinen Rucksack und dann geht es los. Bevor wir das Schiff verlassen, wollen wir uns noch kurz mit einer kleinen Mittagsmahlzeit stärken. Also statten wir dem Restaurant „Weite Welt" einen kurzen Besuch ab. Wie der Name schon andeutet, gibt es hier Spezialitäten aus aller Herren Länder. Oder wie *Helge Schneider* sagen würde, aus der ganzen „Elte oder Werde". Wir werden von dem Angebot hier fast erschlagen, begnügen uns aber mit einem leckeren Salatteller. Mit dem festen Vorsatz, die Gaumengenüsse dieses Restaurants heute Abend alle auszuprobieren, machen wir uns dann aber auf den Weg nach draußen. Wir marschieren vorbei an der Rezeption und verlassen das Schiff über die Gangway auf Deck 5. Draußen wartet

wieder ein Team von Fotografen und macht coole Schnappschüsse von uns. Dann endlich haben wir wieder festen Boden unter den Füßen. Obwohl wir eine ruhige Nacht auf See hatten, geht man an Land doch irgendwie sicherer. Aber vielleicht gewöhnen wir uns ja auch noch an das Schaukeln auf dem Meer.
Gemeinsam mit vielen anderen Passgieren schlendern wir durch den Hafen, wo wir von einer riesigen Armada von Taxifahrern angesprochen werden, die uns alle ihre schöne Insel zeigen wollen. Freundlich wie wir sind winken wir dankend ab. So ungefähr 20mal. Direkt hinter „unserem“ Schiff hat ein Kreuzfahrer namens „Thomson“ aus dem Hause TUI festgemacht. Auch dort strömen eine Menge Leute von Bord und es herrscht reichlich Verkehr auf der schmalen Hafenstraße. Vor einer Informationstafel mit einem Stadtplan steht ein Polizist. Wir sprechen ihn nicht in seiner Muttersprache an, sondern auf englisch. Nach einigen Schwierigkeiten zeigt er uns auf dem Plan die Straße, in der unser Mietwagenanbieter wohnt und empfiehlt uns ein Taxi, um dort hin zu kommen. Da wir uns aber als Sportler und Wanderer fit und munter fühlen, wollen wir auf die Taxifahrt verzichten und zu Fuß gehen. Ich bedanke mich bei dem netten Polizisten mit einem freundlichen „mucho obrigado“ und ernte ein Lächeln.

Am Ende des Hafens erreichen wir die Promenade, die uns mit bunter Weihnachtsdekoration erwartet. Stimmt ja, die Adventszeit hatte ich schon fast verdrängt. Irgendwie kurios, wenn bei strahlendem Sonnenschein die Bäume voller Weihnachtssterne hängen.
An dieser Stelle trennen wir uns von unseren Frauen. Also nicht richtig, sondern nur für die nächste Stunde. Anja und Heidi wollen durch die Stadt bummeln, während Andy und ich den Wagen holen. Frohen Mutes wandern wir los. Es geht

erstmal ziemlich steil bergauf, aber wir sind ja ausgeruht und kommen schnell voran. Schon nach wenigen hundert Metern sehen wir die ersten Stationen diverser Autovermieter mit grünen, roten oder weißen Schildern. Die Farbe des Vermieters unseres Vertrauens ist leider nicht dabei. Nach ungefähr 30 Minuten finden wir die Straße, die in unseren Unterlagen genannt ist. Wir sind etwas verwundert, da dies eine kleine Nebenstraße ist und hier kaum Autos fahren. Und siehe da – als wir an der angegebenen Hausnummer ankommen, stehen wir vor einer kleinen Bar. Nach dem umher liegenden Müll und den dreckigen Fenstern zu urteilen ist die seit mindestens 3 Jahren geschlossen. Das war wohl nix. Ein paar Meter weiter sitzt ein alter Madeirenser auf einer Mauer und relaxt in der Sonne. Wir sprechen ihn auf die Autovermietung an, doch wir ernten nur einen leeren Blick. Er versteht kein Wort. Unsere Laune steigt langsam aber sicher an – leider in die falsche Richtung. Um überhaupt irgendwie weiter zu kommen, gehen wir ein ganzes Stück zurück zur Hauptstraße. Nach weiteren 10 Minuten stehen wir vor einem großen Hotel. Wir versuchen unser Glück an der Rezeption. Da wir keine Hotelgäste sind, will die Rezeptionistin uns zunächst nicht helfen, doch dann holt sie doch einen Stadtplan raus und zeigt uns die grobe Richtung. Da ist wohl ein anderer Ortsteil und dort gibt es irgendwo tatsächlich noch mal eine Straße mit dem angegebenen Namen. Wir wandern noch mal 20 Minuten und erreichen nach insgesamt 70 Minuten die Station unseres Autovermieters, der sich ungefähr so anhört, wie eine Zahl zwischen 5 und 7 auf Englisch (um keine Namen zu nennen). Zum Glück sind wir die einzigen Kunden (kein Wunder) und der Raum ist klimatisiert. Wir können uns mit der Angestellten ganz gut auf Englisch verständigen. Während sie die Papiere vorbereitet, fragen wir, ob denn der Wagen wieder hier abgegeben werden muss oder eine Rückgabe am Hafen möglich sei. Sie will den

Wagen wieder hier haben, was für uns auch morgen einen erheblichen Zeitaufwand bedeuten würde. Unser Puls steigt auf 200 - bald. Bevor es aber soweit ist, entschließen wir uns, die ganze Aktion zu beenden und auf den Wagen zu verzichten. Die Angestellte will gerade die Papiere zerreißen, als sich eine andere Dame einmischt und die weitere Bearbeitung übernimmt. Natürlich können wir den Wagen morgen direkt am Hafen abgeben. Dann geht alles ganz schnell. Wir dürfen wählen zwischen einem Kleinwagen aus Osteuropa oder einem Kleinwagen aus Wolfsburg. Die Entscheidung fällt leicht und kurze Zeit später schon rollen wir vor den Augen der Chefin und eines Mechanikers aus der Tiefgarage. Endlich hat die Lauferei ein Ende und wir hoffen, in wenigen Minuten gemütlich an der Promenade von Funchal zu sitzen. Die ganze Aktion hat uns ziemlich durstig gemacht und da wir rein zufällig an einem Supermarkt vorbeikommen, halten wir an. Rein zufällig hat dieser Shop sonntags geöffnet. Gut gelaunt kaufen wir diverse Kaltgetränke inklusive eines Sechserpacks eisgekühlten Gerstensafts, der nach dem portugiesischen Reinheitsgebot des Herrn Sagres gebraut wurde. Als wir die Getränke im Wagen verstauen, fällt mein Blick rein zufällig auf die Autoreifen. Ich glaube, ich sehe nicht richtig. Wie konnten wir bei der Fahrzeugübernahme bloß übersehen, dass dieser Wagen „Slicks" aufgezogen hat. Schöne glatte Reifen, mit denen „Schumi" seinen Ferrari fährt. Null Profil. Gar nichts. Der Puls steigt jetzt tatsächlich in Richtung 200 an. Wir ärgern uns, dass wir nur auf Lackschäden, Kratzer usw. geachtet und nicht die Reifen beachtet haben. Aber es wird nicht lange diskutiert und wir fahren zurück. In der Tiefgarage sitzt der Mechaniker und langweilt sich. Während Andy direkt ins Büro stürmt, mache ich ein paar Beweisfotos der Formel 1-Reifen. Ich weiß zwar nicht genau wofür, aber man kann ja nie wissen. Nach 2 Minuten kommt Andy schon mit den Schüsseln des Alternativfahrzeugs. Nach einem intensiven Kontrollgang stellen wir fest, dass die Reifen fast neu sind. Also starten wir wieder und sehen noch im Rückspiegel, wie sich der Mechaniker um unseren Ex-Leihwagen kümmert. Das ist uns jetzt aber egal und wir sehen zu, endlich wieder nach Funchal zu kommen. Ohne Problem erreichen wir nach kurzer Zeit die Straße an der Promenade und stehen gleich vor dem nächsten Problem. Kein Parkplatz. Mehrmals fahren wir die Straße auf und ab, aber nichts zu machen. Wir finden einfach keine Lücke. In einer Nebenstraße sieht es ganz gut aus. Die Randstreifen sind komplett leer und Andy biegt ab. Als er gerade anhalten will, stellen wir fest, dass wir genau vor einer Polizeikaserne stehen. Keine Ahnung, was hier los ist, aber urplötzlich kommt ein mit einem langen Säbel bewaffneter Mann auf uns zu und schaut uns grimmig an. Bevor gleich die gesamte Inselarmee hinter uns her ist, wenden wir gekonnt auf der schmalen Straße und versuchen unser Glück wieder auf der Hauptstraße. Und diesmal ist es uns hold, das Glück. Genau vor uns wird grad eine Parklücke frei und Sekundenbruchteile später gehört sie uns. Inzwischen sind fast 3 Stunden vergangen, seit wir uns von den Frauen getrennt haben und die Sonne steht schon ziemlich tief. Wir gehen ein paar Meter an der Promenade entlang und finden unsere Frauen auf der Terrasse einer Bar sitzend. Fröhlich winken sie uns zu und wir gesellen uns natürlich dazu. Wir müssen die gesamte Story mit dem Autovermieter haargenau erzählen, während wir uns ein leckeres Erfrischungsgetränk gönnen.

Herrlich, so ein Sonntagnachmittag in der Wintersonne. Von dieser Terrasse aus kann man direkt auf die im Hafen liegenden Schiffe schauen. Neben vielen kleinen Booten ragen die TUI Thomson, die ARMAS und besonders unsere AIDA heraus. An einem kleinen Strandabschnitt direkt in der Nähe der

Fahrrinne sehe ich mehrere Leute im Meer baden. Das Wasser ist an der Stelle trüb und braun und der Geruch von Dieselöl weht bis zu uns herüber. Wie kann man in dieser Brühe freiwillig baden? Ich schließe die Augen und schwelge in Erinnerungen. Die Zeitreise führt mich in die frühen Achtziger Jahre zu einem meiner ersten Campingurlaube in La Napoule an der französischen Cote d'Azur. An irgendeinem späten Nachmittag hatte sich mein Kumpel „Michi" von unserer Truppe am Strand entfernt und marschierte in Richtung Hafen. Dort lagen zu dieser Zeit viele große Motorjachten und mit gerade mal 20 Jahren hatte man dort eine Menge zu bestaunen. Als Michi auch nach 2 Stunden nicht zurück war, gingen wir ihm zu zweit nach, um ihn zu suchen. Wir fanden ihn - inzwischen mittelschwer alkoholisiert – am Rand des Hafenbeckens stehen. Wir liefen auf ihn zu, doch als er uns sah, grinste er uns an und drehte sich um. Bevor wir ihn festhalten konnten, sprang er laut schreiend ins Wasser. Sofern man das noch Wasser nennen konnte. Die Ölspuren schimmerten in der Sonne und allerlei Unrat schwamm darin herum. Michi geriet auf jeden Fall in eine Art Schockstarre und konnte nicht mehr schwimmen. Wir dachten zwar erst an einen schlechten Scherz von ihm, doch als er tatsächlich nicht vorwärts kam, sprang ich kurzerhand hinterher. Dank des Dieselöls auf der Haut konnte ich ihn kaum packen, doch irgendwie bekam ich ihn zu fassen und mithilfe der Kumpels Maat und Uwe wuchteten wir den tauchfreudigen Kollegen wieder an Land. Der war schlagartig nüchtern und konnte erstmal ein paar Runden Kaltgetränke ausgeben, bis der Ölgeschmack langsam von den Lippen verschwand.
Ein paar Jahre später hatte ich ein ähnliches Vergnügen, als wir das Hafenbecken von „Port Leucate" (ebenfalls in Südfrankreich) mehrmals rauf und runter tauchen mussten. Der bereits genannte Kollege Maat wollte mir den Autoschlüssel

zuwerfen, hatte aber zuviel Kraft im Arm und knapp 2 Meter über mir flog der Schlüssel in das Wasser, das genau so aussah und auch so roch wie vorhin beschrieben. Immerhin wechselten wir uns zu dritt ab und nachdem jeder mehrmals unten war, fanden wir den Schlüssel wieder.

Ich öffne die Augen und greife unweigerlich zum Bier, um mir den imaginären Ölgeschmack von den Lippen zu spülen. Innerlich grinsend wünsche ich den Hafenschwimmern viel Spaß, während wir zahlen und uns auf den Weg zurück zum Schiff machen wollen. An nichts Böses denkend schlendern wir die Promenade entlang, vorbei an mehreren Bars, in denen glückliche Menschen in der Abendsonne sitzen. Plötzlich bleibe ich abrupt stehen und starre ungläubig auf eine Gruppe von Leuten, die an einem der Tische sitzen. Der Mann mit den zerzausten Haaren und dem roten Gesicht stemmt grad einen halben Liter Gerstensaft und seine Begleiterin mit den pechschwarzen toupierten Haaren lässt sich einen bunten Cocktail schmecken. Ich traue meinen Augen nicht. „Tom“ und „Olga“. Die beiden sind tatsächlich auch hier, also müssen sie auch mit unserem Schiff gekommen sein. Mit einem fröhlichen „n’Abend“ marschieren wir an ihnen vorbei. Direkt hinter dieser Bar parkt unser kleines Auto und wartet schon auf uns. Bisher haben wir uns noch gar keine Gedanken gemacht, wo der Wagen heute Nacht bleiben soll. Also fahren wir erstmal direkt auf das Hafengelände. Der Schrankenwärter schaut nur kurz in den Wagen, erkennt uns als „Pauschaltouristen“ und winkt uns durch. Wir dürfen also problemlos genau dort parken, wo unser Schiff ankert. Das ist ja mal eine gute Nachricht. Entsprechend gut gelaunt wandern wir die Gangway rauf, passieren trotz der Getränke im Rucksack ohne Probleme die Sicherheitskontrolle und finden zielsicher unsere Kabinen. Direkt vor unseren Türen stehen zwei junge Männer vom Kabinenreinigungspersonal. Sie sehen beide so aus wie „Ranghid", der indische Kumpel des Comedian *Kaya Yanar*. Wir bedanken uns bei ihnen mit einem dicken Trinkgeld und gehen in unsere blitzsauberen Zimmer. Unsere „Damen" fangen gleich an, sich für das Abendessen frisch zu machen. Das gibt Andy und mir reichlich Zeit, mit einem leckeren Sagres auf dem Balkon zu sitzen und die weihnachtlich beleuchtete „Skyline" von Funchal zu bestaunen. Über die Hafenstraße rollen immer mehr Busse an und bringen die Ausflügler zurück. Selbst heute, bei einem Aufenthalt von einem halben Tag, gab es eine Menge Ausflugsangebote. Man konnte wählen zwischen einer Jeep-Tour, einer Levada-Wanderung, einer Fahrt mit dem Katamaran oder einer Motorbootfahrt zur Wal- und Delfin-Beobachtung. Oder auch eine Canyoning-Tour in den Bergen und sogar ein Rundflug mit dem Helikopter über die Insel. Ganz was anderes bietet ein Besuch im Superluxushotel „Reid's Palace" und ein kulturelles Erlebnis mit Geschichte und Musik. Für jeden Geschmack und für jeden Geldbeutel ist etwas dabei. Denn die Preise für die organisierten Ausflüge sind nicht ohne. Wenn man jeden Tag einen Ausflug mitmachen wollte, würde sich der Reisepreis fast verdoppeln. Na ja, nicht ganz, aber wir bleiben lieber bei unserem Plan, alle Abenteuer auf eigene Faust zu erleben. Apropos Abenteuer. Das Abendessen steht bevor und so langsam meldet sich der kleine Hunger. In Windeseile sind auch wir Männer ausgehfertig und wir machen uns auf in die große „Weite Welt".

Im Restaurant „Weite Welt" ist schon ganz schön was los, obwohl hier erst seit wenigen Minuten geöffnet ist. Im Eingangsbereich stehen wieder einige Angestellte (wie üblich von uns als „Leichtmatrosen" bezeichnet) und begrüßen alle Gäste mit einem Lächeln. Das Leitmotiv der AIDA wird wirklich voll ausgelebt. Irgendwie hat sich im Eingang ein kleiner Stau entwickelt und ich stehe neben einem kleinen älteren Mann, der mich fröhlich anlacht. Er ist dermaßen braun gebrannt, dass ich ihn gleich frage, wo er denn diese Farbe her hat, wo wir doch erst seit ein paar Stunden unterwegs sind. Er grinst und erzählt stolz, dass er schon vier Wochen auf Teneriffa war und nach der Schiffstour wieder für weitere sechs Wochen dorthin zurückkehrt. Und wieder steigt der Neid in mir auf. Im Hinterkopf überschlage ich schnell, wann ich denn wohl in diesen Genuss kommen könnte. Arbeiten muss ich mindestens bis 67, obwohl: wenn die jeweilige Bundesregierung in jeder Legislaturperiode noch 1 Jahr dranhängt..... also richte ich mich schon mal auf weitere 25 Jahre ein und wünsche dem netten „Opa" weiterhin viel Spaß auf der Reise und dem anschließenden Langzeiturlaub. Der Stau löst sich auf und wir finden einen Tisch für 4 Personen im hinteren Teil, wo nicht ganz so viele Leute herum laufen. Es gibt auch sehr viele große Tische für 8 oder 10 Personen, doch wir bevorzugen die ruhigere Variante. Nachdem uns die Kellner mit Wasser und Wein versorgt haben, drehe ich eine Erkundungsrunde durch die „Weite Welt". Das Restaurant besteht aus zwei Teilen zu beiden Seiten der Treppe. An verschiedenen Stellen werden Speisen aus mindestens sechs Ländern bzw. Regionen angeboten. Es gibt italienische, mexikanische und asiatische Küche mit vielen Vorspeisen, Nudeln und Fisch, eine „Churasceria" bietet frisch gebratenes Fleisch an und eine „Reis-Bar" hat mindestens sechs verschiedene Reisgerichte im Angebot. Dazu auch Suppen und „rustikale" Gerichte, die dem Geschmack der deutschen Küche am nächsten kommen. Ein Dessert-Buffet mit Kuchen, Eis und Obst fehlt natürlich auch nicht. Das Angebot überfordert mich im ersten Moment. Man kann sich echt kaum entscheiden. Ich stehe noch etwas unschlüssig bei den Vorspeisen, als plötzlich ein Mann auf mich zugestürmt kommt. „Da sind sie ja“ ruft er freudig erregt. „Wer? Ich?“ frage ich erstaunt zurück. „Nee, die Shrimps“ meint er und wir müssen beide laut lachen. Es gibt schon lustige Leute hier. Wir wünschen uns gegenseitig eine gute Reise und irgendwann kann ich mich endlich entscheiden und gehe zum Tisch zurück. Auch die drei Anderen sind hellauf begeistert von diesem Angebot und wir beschließen schon jetzt, dieses Restaurant noch mehrmals zu besuchen, um so viel wie möglich von diesen Köstlichkeiten mitzunehmen. Alles schmeckt wirklich sehr gut und wenn das so weiter geht, werden wir echte Gewichtsprobleme bekommen. Mal sehen, was uns in den nächsten Tagen noch alles erwartet. Zum Glück haben Andy und ich uns ja heute ausreichend bewegt bei unserer Wanderung zur Autovermietung.

Nach dem Essen kommen wir auf die glorreiche Idee, dass uns eine nochmalige Bewegung nicht schaden könnte. Also machen wir uns - natürlich, nachdem wir uns (ohne Herberts Hilfe) aus den Kabinen dickere Jacken geholt haben – erneut auf die Socken und wandern wieder durch den gesamten Hafen in Richtung Promenade. Inzwischen sieht es dort beleuchtungsmäßig aus wie auf jedem Weihnachtsmarkt im Ruhrgebiet. All zu weit gehen wir heute Abend aber nicht mehr. Wir suchen uns einen schönen Platz in einer der zahlreichen Bars mit Blick auf den Hafen. Die bunt beleuchtete „Bella“ macht ihrem Namen wirklich alle Ehre. Vor dieser beeindruckenden Kulisse gönnen wir uns eine große Karaffe Sangria und freuen uns ein weiteres Mal, dass wir nicht Glühwein bei 5 Grad im Regen trinken müssen. Nach gut einer Stunde geht’s dann aber auch zurück auf das Schiff.

Zum Schlafen ist es uns allerdings noch zu früh. Also statten wir einer Lokalität namens „Any-Time-Bar“ einen Besuch ab.

Wie der Name schon vermuten lässt, wird hier Musik aus verschiedenen Jahrzehnten geboten. Heute sind die 80er Jahre dran, also meine Sturm- und Drangzeit. Vor allem die sogenannte „Neue Deutsche Welle“ war prägend für diese Zeit. In der Bar tummeln sich eine Menge Leute und der DJ legt reichlich gute Platten auf. Wir besingen Nena's „99 Luftballons“ ebenso wie den „Goldenen Reiter“ von Joachim Witt und sind bei Tom Schillings „Major Tom“ völlig losgelöst. Kurz vor Mitternacht beenden wir die Party mit dem „Sternenhimmel“ von Hubert Kah und verschwinden in unseren Kabinen, um für den Ausflug morgen früh fit und munter zu sein.
Ein spannender Tag geht zu Ende und mit einem letzten Blick auf die wunderschön beleuchtete Promenade von Funchal sowie den eben noch besungenen Sternenhimmel samt Halbmond schlafen wir ein.

Als wir um halb acht aufwachen, blicken wir völlig verschlafen immer noch auf die Promenade von Funchal. Ach ja, wir sind ja gar nicht weiter geschippert. Nach einer herrlich ruhigen Nacht ohne Wellengang und Motorengeräusche strahlt die Sonne vom wolkenlosen Himmel über der Insel. Da der frühe Vogel bekanntlich den Wurm fängt, sind wir heute rasend schnell aus den Federn und treffen uns zum Frühstück im „Bella Vista“. Wir haben natürlich alle eine supergute Laune, denn bei diesem tollen Wetter machen Landausflüge doppelt Spaß. Im Restaurant ist schon reichlich was los, denn fast alle Gäste planen heute irgendwas an Land. Viele der organisierten Fahrten sind bereits gestartet, andere stehen kurz bevor. Wir befassen uns aber zunächst mit unserer eigenen Tour. Bei unseren zahlreichen Urlaubsvorbesprechungen hatten wir ja den Sportskameraden Andy zum Reiseleiter auserkoren und der zeigt sich heute Morgen entsprechend hoch motiviert. Er hat sich eine interessante Route für uns drei Pauschaltouristen ausgedacht. Wir stärken uns beim Frühstück, packen dann unsere Klamotten zusammen und machen uns auf den Weg zum Ausgang. Genau wie gestern werden wir auf der Gangway von mehreren netten Leichtmatrosen verabschiedet, die uns viel Spaß wünschen. Endlich erreichen wir unser kleines schwarzes Auto, das strategisch günstig 20 Meter entfernt auf uns wartet. Wir verstauen unseren Proviant und dann kann's losgehen. In einer Kolonne mit Bussen und Taxen rollen bzw. hoppeln wir über das Kopfsteinpflaster und passieren wieder den netten Schrankenwärter, der immer noch im Dienst ist. Zumindest sieht der genau so aus wie gestern. Wir verlassen das Hafengelände und biegen nach links ab, denn unser Weg führt uns ganz hart westwärts.

Wir fahren zunächst die Straße entlang, die Andy und ich gestern schon per Pedes erkundet haben. Vorbei an mehren Autovermietern fahren wir direkt auf die Küstenstraße. Hier reihen sich mehrere Luxushotels aneinander und nach ein paar Minuten haben wir bereits den Stadtrand von Funchal erreicht. Wir durchqueren ein paar kleinere Orte namens Quinta Vigia, Sao Martinho und Vitoria, bevor wir zu unserem ersten Zielort abbiegen. „Câmara de Lobos", ein malerisches Fischerdorf, das seinen Namen vom alten Haudegen *Joao Goncalves Zarco* erhielt, der hier um 1420 jede Menge Mönchsrobben traf und diesen Ort nach ihnen benannte.
Andy parkt den Wagen in einer kleinen Seitenstraße und wir machen einen Spaziergang durch den wunderschön geschmückten Ort. Es ist gerade mal halb zehn und die Sonne hat die Luft bereits auf über 20 Grad erwärmt. Die Luft hier ist herrlich klar und wir genießen die Sonnenstrahlen total. Auf dem Weg zum Meer kommen wir an einigen Bars vorbei. Hier stehen überall Männer (keine Frauen!), die rauchen und Kaffee trinken und sich lautstark unterhalten. Vermutlich über die

Bundesligaergebnisse von gestern, die Glühweinpreise oder das schlechte Wetter im Ruhrgebiet. Oder über „Gott und die Welt". Ich habe mich schon oft gefragt, was diese Männer in Europas Süden immer den ganzen Tag in den Bars oder davor machen. Sind die alle arbeitslos oder sind das alles Fischer, die um diese Zeit schon lange Feierabend haben?
In diesem Ort könnte das tatsächlich so sein, denn hier hat man sich auf den Fang des Degenfisches spezialisiert. Dieser dunkle, aalähnliche „Kollege" mit den riesigen Augen und einem furchterregenden Gebiss liegt jeden Tag in der Fischabteilung der Markthalle in Funchal. Dieser schmackhafte Fisch – von den Portugiesen „Espada" genannt, wird in dieser Region als Spezialität mit Banane serviert. Hört sich zwar kurios an, ist aber so. Da der Degenfisch in 600 bis 1500 m Wassertiefe lebt, ist sein Fang mit den langen Angeln sehr mühselig.
Also gehen wir mal davon aus, dass die Männer auf der Straße alles Fischer sind, die heute morgen in aller Frühe ein paar Zentner Degenfisch geangelt haben und jetzt ihren Lohn in den Bars verjubeln, während ihre Familien verarmt zuhause sitzen und auf sie warten. Letztendlich ist mir das aber auch egal, denn in Wirklichkeit beneide ich die Südeuropäer immer für ihre Gelassenheit, die uns im hektischen Deutschland manchmal auch gut zu Gesicht stehen würde.

Wir schlendern eine zeitlang durch den kleinen Hafen, bestaunen ein paar bunte Fischerboote und machen ein paar Fotos. Auf dem Weg zurück zum Auto kommen wir an einer riesigen Krippe vorbei, die auf einem Stück Wiese an einem Hang aufgebaut wurde. Die ist mit viel Liebe zum Detail errichtet und erinnert uns einmal mehr daran, dass in 16 Tagen Weihnachten ist. Als wir dann aber bei über 20 Grad die Stufen hinauf zum Wagen laufen und erstmals ins Schwitzen geraten, ist der Gedanke an Weihnachten gleich wieder verflogen. An der

Hauptstraße kommen wir an einer Art Gedächtnistafel vorbei, auf der „good old" Winston Churchill verewigt ist. Der ehemalige britische Premierminister hat 1949 Sylvester auf Madeira gefeiert und in diesem schönen Ort hat er wohl ein paar Bilder gemalt. Dieses Relief erinnert an den „Freizeitmaler" und „Nichtsportler", dessen Bilder, die er damals hier gemalt hat, jetzt irgendwo im Königreich zu bestaunen sind.
Genug der geschichtlichen Lehrstunde. Weiter geht's mit einem echten Naturschauspiel. Wir fahren nur ein paar Minuten auf der Küstenstraße weiter, die an dieser Stelle steil bergauf geht. Dann erreichen wir „Cabo Girão", eine der höchsten Steilküsten der Welt. Aus 580 m Höhe blickt man von einem Aussichtsbalkon hinunter auf das Meer oder die Küste entlang in Richtung Osten. Ein phantastischer Ausblick. Die Legende besagt, dass unser schon genannter Capt'n Zarco und seine Mannen hier 1420 entnervt ihre Fahrt abgebrochen haben, als sie diese Steilküste sahen. Ganz unten erkennt man eine vorgelagerte Küstenebene, zu der eine Seilbahn hinunter fährt. Dort sind Weinreben und Gemüsefelder, die von den Landwirten nur per Boot oder eben über die Seilbahn zu erreichen sind. Anja und ich verzichten allerdings auf die Fahrt hinunter, denn in der Gondel sitzen wir in ein paar Wochen wieder in den Dolomiten. Heute bleiben wir auf festem Boden, sichern uns noch ein paar tolle Fotos und dann geht die Fahrt weiter westwärts.

Unser nächstes Ziel ist die kleine Stadt „Ribeira Brava". Dieser schöne Ort liegt direkt am Meer und ist aufgrund seiner Lage seit jeher eine Durchgangsstation Richtung Westen und Norden. Von hier aus wurden die Waren weiter auf der Insel verteilt. Ribeira Brava hat daher eher das Flair einer Handelsstadt als das eines Fischer- oder Bauerndorfes. Der Kern dieser Stadt besteht aus vielen kleinen Straßen und Gassen. Parkplätze sind hier selten, deshalb lenkt Andy unser Gefährt in ein Parkhaus am Stadtrand. Wir gehen ein paar Meter und sind schon inmitten der vielen kleinen Läden und Lokale. Alles sieht hier sauber und einladend aus. Einige urige Läden schauen wir uns genauer an und werden von durchweg freundlichen Menschen begrüßt. Zum Meer hin endet die Einkaufszone mit einer breiten Promenade. Auf der anderen Seite beginnt dann der grobe Kiesstrand. Ein paar Meter weiter entdecken wir ein Café und entschließen uns spontan zu einer Kaffeepause. Es sind nur ein paar Gäste dort und wir setzen uns an einen Tisch direkt unter zwei Palmen. Es ist viertel nach elf, als wir in der warmen Sonne unseren „Café com leite" - den Milchkaffee - genießen. Dabei denken wir an unsere lieben Arbeitskollegen im kalten Ruhrgebiet. Ohne gehässig zu sein, macht das ja montags irgendwie am meisten Spaß. Dann laufen wir den schönen Kiesstrand auf und ab und kehren über die Promenade zurück in Richtung Parkhaus. Während Andy das Auto holt, zahle ich das Ticket. Für eine Parkzeit von 90 Minuten sind ganze 40 Cent fällig. Das gibt mein Budget ja grad noch her. In Dortmund oder Essen wären wir wohl ein paar Euro losgeworden.

Die Fahrt geht weiter an der Küstenstraße entlang. Wir passieren einen kleinen Ort namens „Lugar de Baixo". Dieser gilt als sonnigster Ort der ganzen Insel, wo die besten Bananen gedeihen. Wir halten aber hier nicht an und fahren kurze Zeit später in einen Tunnel. An der Ausfahrt des Tunnels teilt sich die Straße. Geradeaus beginnt sofort ein weiterer Tunnel, doch wir biegen scharf nach links ab. Hier wartet unser letztes Ziel auf der Westseite der Insel, denn wir wollen ja auch die Süd-Ost-Küste noch sehen. Nach ein paar Kurven erreichen wir den Ort „Ponta do Sol". Der malerische Ortskern wird von hohen Felswänden umgeben, deshalb ist die Anreise von beiden Seiten nur durch die Tunnel möglich. Wie schon der Name sagt, hat „Ponta do Sol“ (sonniger Punkt) sehr viel Sonnenschein und einen kleinen, aber sehr schönen Strand. Wir parken an der Straße direkt am Meer. Anja und Heidi machen es sich auf der Strandmauer gemütlich, während Andy und ich über eine Art Staudamm laufen, der aus riesigen Felsblöcken besteht und einige Meter in das Wasser hineinragt. Von hier aus können wir den ganzen Ort überblicken. Noch immer scheint die Sonne und es ist angenehm warm. Doch als unser Blick Richtung Norden, ins Inselinnere geht, stockt uns der Atem. Eine pechschwarze Wolkenwand zieht heran. Ein völlig bizarres Bild bietet sich jetzt. Wir stehen in der Sonne, über dem Meer ist keine Wolke zu sehen und ein paar hundert Meter weiter ist es so dunkel, als ob die Nacht hereinbricht. Wir halten uns nicht mehr so lange hier auf, schießen wieder ein paar tolle Fotos und treffen uns alle am Auto. Andys Plan sieht vor, dass die Reise in Richtung Westen hier endet, denn die nächste sehenswerte Stadt wäre zu weit weg. Stattdessen will er uns noch einen Teil der Küste östlich von Funchal zeigen. Also fahren wir wieder ein Stück nach Süden und erleben weiterhin dieses irre Lichtschauspiel. Rechts der strahlend blaue Himmel, links die pechschwarze Wolkenfront. Aber das ist ja typisch für das Wetter auf den Inseln im Atlantik. Innerhalb weniger Minuten kann man hier ein vollkommen anderes Wetter erleben. Um schneller auf die andere Seite der Insel zu kommen, wollen wir die Autobahn nutzen.

Andy treibt unseren „Ostblock-Porsche“ gnadenlos der dunklen Wolkenfront entgegen. Die Bahn ist ziemlich leer und nach einiger Zeit tauchen zu unserer rechten Seite bereits die ersten Häuser von Funchal auf. Wir fahren über eine lange Brücke oberhalb der Stadt, von der aus man den Hafen gut sehen kann. Unsere AIDA ist zum Glück noch da. Das Wetter wird immer schlechter, doch unbeirrt fahren wir weiter. Das nächste „Highlight" unserer Fahrt ist der Flughafen, der plötzlich rechts vor uns auftaucht. Wir sehen noch eine Maschine über dem Meer, die gerade zur Landung ansetzt, als die Autobahn plötzlich unter dem Flughafen verschwindet. Man sieht überall nur Beton und es wird ziemlich dunkel um uns herum. Das ist schon eine komische Situation, doch zum Glück dauert die nicht lang. Als wir allerdings wieder an die Oberfläche gelangen, ist es nicht wirklich viel heller. Das Wetter wird nämlich immer schlechter. Wir fahren noch eine gute viertel Stunde auf der Autobahn und biegen dann ab auf die Landstraße. Nachdem wir den kleinen Ort „Canical" durchquert haben (der aufgrund einer größeren Industriebetriebs-Ansammlung und einer Freihandelszone für Touristen wie uns nicht besonders interessant ist), fahren wir auf einer kleinen Straße weiter zu unserem Ziel an der Ostspitze Madeiras. Nach wenigen Minuten erreichen wir einen großen Parkplatz an der „Ponta de São Lourenco", auf dem genau 1 Auto steht, obwohl ca. 500 Autos Platz hätten. Kein Wunder, denn es wird jeden Augenblick anfangen zu regnen. Die Landschaft sieht hier völlig anders aus als an der Westküste, die wir vor gut 40 Minuten im Sonnenschein verlassen haben. Wir stehen inmitten einer grünen Hügellandschaft, die mich an englische Küstenorte erinnern, die das ZDF sonntags immer im Auftrag einer gewissen Rosamunde Pichler (oder so ähnlich) zeigt. Obwohl weiterhin schwarze Wolken am Himmel entlang jagen, steigen wir aus. Besser gesagt, wir versuchen, auszusteigen. Ich bekomme gegen den Wind kaum die Tür auf. Mit roher Gewalt klappt es dann doch und schon weht uns die steife Brise mächtig um die Ohren. Der Reiseleiter Andy hat seinem „Aushilfs-Reiseführer" aus dem Haus „Dumont" entnommen, dass man hier wunderbar bis an einen der Ostspitze vorgelagerten schwarzen Strand samt kleiner Strandbar wandern könnte. Da die Temperatur allerdings um mindestens 12

Grad abgenommen hat und unsere Damen in ihren sommerlichen Flip-Flops alles andere als wanderfest sind, verschwinden sie gleich wieder im Auto. Andy und ich sind – wie es sich für erfahrene Reiseleiter gehört – auch für solch ein Wetter gerüstet. Man hat ja reichlich Platz im Auto. Also nehmen wir uns zumindest die Zeit für eine Fotosession. Wir stürzen uns dem Wind entgegen und marschieren die Wiesen hinunter zum Meer. Der Preis für die paar schönen Fotos sind total matschige Schuhe, da es hier wohl vor kurzem ordentlich geregnet hat. Während Heidi und Anja im warmen Auto eine Brotzeit einlegen (die beiden haben tatsächlich den Käsekuchen aus dem Flugzeug mitgenommen), reinigen wir geschlagene 30 Minuten unsere Schuhe in den Pfützen auf dem Parkplatz. Damit beenden wir das Abenteuer Ostküste und machen uns auf den Rückweg in Richtung Funchal, wo der Himmel irgendwie heller aussieht. Der Reiseführer empfiehlt noch einen schönen Badeort namens „Machico". Dieser Ort liegt etwas nördlich des Flughafens und ist mit etwa 12000 Einwohnern die zweitgrößte Stadt Madeiras. Hier gibt es eine schöne Bucht, die - ihr werdet es ahnen – nach dem guten alten Inselentdecker benannt ist und natürlich „Baia de Zarco" heißt. In der kleinen Stadt ist allerdings nichts los. Das liegt einerseits natürlich am schlechten Wetter, andererseits aber auch daran, dass hier am 8. Dezember der Feiertag „Maria Empfängnis" gefeiert wird. Die Geschäfte sind alle geschlossen und in den Straßen treiben sich nur ein paar verlorene Touristen herum. Die Stadt ist zwar sehr schön geschmückt, doch da es jetzt auch anfängt zu regnen, entschließen wir uns dazu, unseren Ausflug zu beenden und nach Funchal zurück zu fahren. Noch haben wir Zeit genug, da unser Schiff erst um 17 Uhr ablegen soll. Wir fahren wieder auf die Autobahn in Richtung Westen, wo der Himmel tatsächlich immer heller wird. Der Regen lässt bereits nach und als wir nach knapp 20 Minuten

Funchal erreichen, scheint wieder die Sonne. Unglaublich, die Wetterwechsel in dieser Region. Aber wir wollen uns ja nicht beschweren.
Wir halten zuerst mal an einer Tankstelle, tanken die paar Liter, die wir heute verfahren haben und fahren dann in die Stadt. Diesmal finden wir schnell einen Parkplatz und schlendern noch etwas die Promenade entlang. Unser Schiff liegt zum Glück noch da und ist weiterhin eingerahmt von der „Thomson" und der „ARMAS". Wir sonnen uns noch ein paar Minuten auf einer Bank, versorgen uns dann in einem Supermarkt, der trotz Feiertag geöffnet ist, mit ein paar Erfrischungsgetränken und dem nach der Insel benannten Spezialwein und fahren gemächlich zurück zum Hafen. Kurz nachdem wir den freundlichen Schrankenwärter (der scheinbar eine 48-Stunden Schicht hat) passiert haben, sehen wir schon die in schickem schwarz-orange gekleidete Chefangestellte der Autovermietung, die an den Parkplätzen auf uns wartet. Und jetzt ratet mal, mit welchem Wagen sie und der Mechaniker her gekommen sind! Richtig – der Volkswagen von gestern mit nagelneuen Reifen. Sehr lobenswert, wenn auch etwas spät. Ohne Probleme nimmt die Dame den Wagen entgegen und verabschiedet sich freundlich mit Handschlag von uns allen. Unser erster Ausflug ist damit erfolgreich beendet.
Inzwischen ist der Himmel nahezu wolkenlos. Während die Mädels direkt an Bord gehen, klettern Andy und ich - „bewaffnet" mit einem Sixpack kühlen Sagres - auf die Kaimauer. Die Vorgabe des Kapitäns lautet heute: „Alle Mann an Bord um 16:30 Uhr!" Also fragen wir uns natürlich, was denn mit den Frauen ist. Müssen die auch bis halb fünf an Bord sein oder gibt es für die eine Sonderregelung? Wir öffnen die erste Flasche, trinken einen großen Schluck und stellen uns eine zweite wichtige Frage. Falls eine Frau vom Schiff fällt (oder springt), ruft man dann auch „Mann über Bord"? Dürfen

Frauen dann eigentlich überhaupt mit auf ein Schiff oder ist das alles viel zu gefährlich? Da die erste Flasche bei dieser interessanten Diskussion förmlich verdunstet ist, machen wir noch ein Fläschchen Sagres auf. Mit einem Prost auf uns und auf das Schiff stoßen wir erneut an. Von hier oben bietet sich ein herrliches Bild. Stolz liegt „unser" Schiff im Hafen und glänzt in der Sonne. Dahinter steigen die Hügel von Funchal an. Ein tolles Panorama. Als wir dann auch wieder an Bord gehen wollen, rollen gerade drei Busse mit den Ausflüglern zurück in den Hafen. Da das für uns eine Wartezeit von mindestens 30 Minuten ausmachen würde, lassen wir unsere gesamte Spontaneität zur Geltung kommen und öffnen kurzerhand die letzten Flaschen des portugiesischen Gerstensafts. Auf uns und auf das Schiff und auf das Leben. „Viva La Vida!"

Der Ausflugsbroschüre hatte ich entnommen, dass auch heute eine Menge unterschiedliche Touren angeboten wurden. Angefangen von der „Westlichen Inselrundfahrt" (die wir ja auch quasi gemacht haben), über eine Fahrt zur Nordküste bis hin zu „Funchals Höhepunkten". Das Angebot ist schon ziemlich gut, doch wenn man wie wir zu viert unterwegs ist, hätte der Spaß mindestens 240 Euro gekostet. Da waren wir deutlich günstiger unterwegs und obendrein wesentlich unabhängiger. Trotzdem sind die Ausflugsbusse alle voll. Interessant sind auch spezielle Sportangebote. Insbesondere für Radfahrer, Golfer und Taucher gibt es tolle Touren auf jeder Insel.

Während die Ausflügler schön in Reih' und Glied an der Gangway stehen, klettert eine ältere Dame – eine Britin, wie sich herausstellt – auf die Kaimauer, um ihren Gatten, der sich winkend vor die AIDA gestellt hat, zu fotografieren. Wir winken dem Mann lachend zu, was diesen sehr erheitert. Freundlich, wie Briten nun mal sind, bedankt sich die Dame, die ein bisschen aussieht wie „Queen-Mum" und die beiden ziehen ab

in Richtung der hinter der AIDA liegenden „Thomson“, mit der sie wohl angereist sind.
Endlich sind die Bustouristen alle an Bord und wir verlassen schweren Herzen unseren gemütlichen Platz auf der Kaimauer. Wir trotten zur Gangway und sind pünktlich eine gute Viertelstunde vor dem Ablauf des Landgangs wieder auf dem Schiff.
Damit sind hoffentlich „alle Mann an Bord“. Aber was ist denn jetzt mit den Frauen und vor allem: „Was ist mit Irene?“
Ob Irene diesmal auch pünktlich ist oder noch in Las Palmas am Hafen steht, wissen wir nicht. Das ist uns in unserem euphorisierten Zustand aber auch ziemlich egal.
In der Kabine machen wir uns ganz kurz frisch und pünktlich zum Ablegen des Schiffes sind wir wieder auf dem Oberdeck.

Fuffzehn Mann auf des toten Manns Kiste,
Hojaho und 'ne Buddel voll Rum!
Fuffzehn Mann schrieb der Teufel auf die Liste,
Schnaps und Teufel brachten alle um! Ja!
Fuffzehn Mann auf des toten Manns Kiste,
Hojaho und 'ne Buddel voll Rum!
Fuffzehn Mann schrieb der Teufel auf die Liste,
Schnaps und Teufel brachten alle um! Ja!

Schnaps und Teufel brachten alle um!

Offiziers-Haken

Sail away, sail away. Erneut begleitet uns der Flug des Orinoco von *Enya*, als unser Schiff den Hafen von Funchal verlässt. Es haben sich wohl alle Passagiere am Oberdeck versammelt. Gut gelaunte Menschen sorgen für eine tolle Stimmung. Etwas wehmütig schauen wir noch einmal zurück auf diese schöne Insel, die uns allen sehr gut gefallen hat und sicherlich irgendwann wieder eine Reise wert ist. Der zuständige Unterhaltungs-Offizier legt jetzt ein paar fetzige Scheiben auf und erklärt zwischendurch das nun folgende Programm. Ich hatte heute Morgen die Bordnachrichten durch geblättert und dort irgendwas von einem „Offiziers-Haken" gelesen. Keine Ahnung, was das sein könnte. Vielleicht eine Art Sackhüpfen, Eierlaufen oder Topfschlagen. Ich fühlte mich schon in meine früheste Kindheit zurückversetzt und dachte an lustige Kindergeburtstage. Zumindest bis jetzt. Als der Moderator dieses „Event" ankündigt, bekomme ich einen mittelschweren Lachkrampf. Denn wieder einmal hatte mich mein gepflegtes Schulenglisch im Stich gelassen, aber ich war ja auch auf das absolut „deutsche AIDA-Konzept" fixiert. Natürlich muss es heißen: **„Offizier-Shaken**". Und so ist es. Es gibt jede Menge bunte Cocktails, die von den Offizieren geschüttelt werden. Für die Bezahlung hatte der Unterhaltungschef eine witzige Idee. Um die Offiziere nicht vom Schütteln abzulenken, muss man sich an extra eingerichteten „Zahlstellen" bunte Flummibälle – das Stück zu 1,90 € - kaufen. Und für jeden Cocktail gibt man dann einen Flummiball ab. Gute Idee und guter Preis. Das Angebot wird reichlich angenommen. Auch unsere Frauen decken sich mit den bunten Bällen ein und testen einige Cocktails. Wir Männer bleiben sicherheitshalber beim Bier. Begleitet wird das Ganze von zwei Moderatoren, die abwech-

selnd Musik spielen und Interviews mit den Offizieren bzw. den Gästen machen. Dabei wird immer wieder gefragt, wo die Offiziere herkommen. Anschließend wird bei den Gästen gefragt, wer auch aus derselben Region kommt. Zur Belohnung werden dann immer wieder bunte Bälle in die Menge geworfen für ein paar Cocktails „aufs Haus".
Ich entdecke „Tom", der total in seinem Element ist und die ganze Hand voller bunter Flummibälle hat. Ich rufe ihm ein fröhliches „Hallo" zu und er grüßt begeistert zurück. Er versucht die ganze Zeit, dem Moderator mitzuteilen, dass er auch aus der Stadt kommt, die der Offizier eben nannte. Ohne seine „Olga" wirkt er richtig gelöst. Dann werden wir sogar für den offiziellen „AIDA-Erinnerungs-Film" gefilmt. Da steht einer Karriere als Schauspieler ja nicht mehr im Wege. Ich sehe uns schon zusammen mit „Tom" und „Olga" in der Fortsetzung von „Cocktail" mit dem alten *Tom Cruise*. Dabei fällt mir spontan ein, dass der ja übersetzt auf Deutsch „Thomas Kreuzfahrt" heißen müsste. Toller Zufall. Vielleicht sollte ich mal mit meinem Bier aus der Sonne gehen, bevor ich noch schlimmere Geistesblitze bekomme.
Wir bleiben an Deck, bis die Sonne untergeht. Viel Zeit bleibt nicht mehr bis zum Abendessen. Nach einem kurzen Erfrischungs-Stopp in der Kabine entscheiden wir uns wieder für das Restaurant „Weite Welt", da hier die Auswahl für uns alle einfach am größten ist.
Beim Abendessen kommt es dann zu einem Schauspiel der Extraklasse. Und wir sitzen in der ersten Reihe. Denn an dem großen runden Tisch neben uns sitzt ganz allein der Kapitän „himself" - pardon - persönlich. Wir grüßen ihn mit einem knappen „Moin Herr Kapitän" und holen uns unsere Vorspeisen. Nach den ersten Bissen der köstlichen Antipasti lasse ich mich dazu hinreißen, den Kapitän noch mal anzusprechen. „Da haben Sie aber wieder lecker gekocht heute", lasse ich ihn

wissen. Er lacht und meint, er habe auch schließlich den ganzen Nachmittag in der Küche geschuftet. Der Mann ist wirklich gut drauf. Und genau dann stehen plötzlich zwei Frauen an seinem Tisch, von denen die eine fragt, ob sie sich dazu setzen dürfen. Und zwar auf Englisch. Sie hält ihn offenbar für ein Mitglied der Crew und ist sich nicht sicher, ob der gemeine Pauschaltourist mit dem Bordpersonal gemeinsam am Tisch sitzen darf. Der Kapitän bleibt völlig cool, antwortet auf Englisch und die beiden Damen nehmen Platz. Wir grinsen vor uns hin und als die sprachgewandte Frau ihn weiter mit ihren Englischkenntnissen beeindruckt, sieht der Käpt'n kurz zu uns herüber und kneift uns ein Auge zu. Als wir uns vor lachen auf die Schenkel klopfen, erkennt die andere Frau am Namensschild des vermeintlichen Matrosen endlich, dass es sich um den Kapitän handelt. Verzweifelt versucht sie ihrer Freundin per Handzeichen mitzuteilen, dass sie sich hier gerade zum Kasper macht. Die textet jedoch den Käpt'n weiter zu, bis sie endlich die Handzeichen richtig deutet. Sie schaut einmal auf das Namensschild, schaut noch mal genau hin und erkennt jetzt den Dienstgrad ihres Tischnachbarn. Völlig entsetzt und zugleich sprachlos stammelt sie irgendeine Entschuldigung, während der Kapitän und wir uns vor lachen nicht mehr halten können. In dieser ausgelassenen Atmosphäre lassen wir uns das Abendessen besonders gut schmecken und als wir schließlich aufstehen, sprechen Andy und ich die multilinguale Frau an. Der Käpt'n ist inzwischen wieder an seine Arbeit gegangen und wir wollen von ihr wissen, wieso sie denn hier englisch spricht, wo doch fast ausschließlich Deutsche an Bord sind. Sie weiß es selbst nicht, ist irgendwie völlig „durch den Wind" und redet auch auf uns ein wie ein Wasserfall. Ich höre irgendwann gar nicht mehr hin und bin mir inzwischen sicher, dass es sich um die mysteriöse „Irene" handeln muss. In den nächsten Tagen sehen wir sie noch ein paar Mal und immer müssen wir grinsen. Sie aber auch…

Wir verlassen das Restaurant und gehen die Treppen hinunter, um in Richtung des Theaters zu schlendern. Das sogenannte „Theatrium“ erstreckt sich über drei Decks und bietet eine gute Sicht von vielen Plätzen. Heute Abend soll dort eine große „ABBA-Show“ stattfinden. Anja ist seit jeher ein Riesenfan der schwedischen Popgruppe und deshalb wollen wir uns die Show auf jeden Fall ansehen.
Unterwegs treffen wir den Käpt’n, der sich unter die Gäste gemischt hat und in der Fotogalerie steht. Da er gerade allein ist, sprechen Andy und ich ihn wieder an. Er erkennt uns natürlich gleich wieder. Wir stellen ein paar schlaue Fragen und erfahren unter anderem, dass ein AIDA-Kapitän immer 4 Monate am Stück auf einem Schiff bleibt, dann 2 Monate Urlaub hat, um anschließend ein anderes Schiff zu steuern. Er ist wirklich sehr nett und wir plaudern noch ein paar Minuten. Wir wollen gerade weiter gehen, als uns eine charmante Frau für den nächsten Abend zu einer besonderen Ausstellung von Bildern eines „Herrn Rizzi“ und zu einem Glas Sekt einlädt. Freundlich wie wir sind, sagen wir natürlich zu, obwohl mir als anerkanntem Kunstbanausen der Name „Rizzi“ eher aus einer Pizzeria meiner Heimatstadt bekannt ist. Aber egal, vielleicht kann ich ja was lernen.

Bevor die Musikshow beginnt, stellt der Unterhaltungschef alle Offiziere vor, die während unserer Reise für irgendwas die Verantwortung tragen. Die Mannschaft kommt aus dem gesamten Bundesgebiet, einige auch aus Österreich. Wir freuen uns, dass drei wichtige Mitarbeiter aus unserem „Ruhrgebiet“ kommen. Einer ist sogar ein echter Ingenieur (in unserer Heimat auch *Inschenör* genannt), da kann also gar nichts mehr schiefgehen. Viel Freude bereitet auch hier wieder der Käpt'n, der von seiner Vergangenheit auf Containerschiffen und Musikdampfern erzählt und die Lacher erneut auf seiner Seite hat. Wir holen uns irgendein leckeres Getränk und suchen einen Platz an einer der Bars. Kurze Zeit später startet die Show. Die Künstler sehen alle irgendwie schwedisch aus, zumindest könnten die Hauptdarsteller die legitimen Nachfolger von Agnetha, Björn, Benny und Annifrid sein. Die Show ist wirklich gut und alle Gäste schunkeln und tanzen fröhlich zu „Mamma Mia", „Dancing Queen" und anderen Hits. Man kann ja von ABBA halten, was man will, aber sie haben schließlich seit dem „Waterloo" von 1974 unsere jugendliche Sturm- und Drangzeit mitgeprägt, auch wenn mein Musikgeschmack mehr in die Richtung geht: „Stecker rein und alle Knöpfe auf 10".

Da wir am nächsten Morgen wieder früh von Bord wollen, gönnen wir uns nur noch ein kleines Getränk und dampfen dann ab in Richtung Kajüte, ach nee, das heißt ja hier Kabine.

Wir lagen vor Madagaskar
Und hatten die Pest an Bord
In den Kesseln, da faulte das Wasser
Und täglich ging einer über Bord

Ahoi, Kameraden, ahoi, ahoi!
Leb wohl, kleines Mädel, leb wohl, leb wohl!
Ja, wenn das Schifferklavier an Bord ertönt
Dann sind die Matrosen so still, ja so still
Weil ein jeder nach seiner Heimat sich sehnt
Die er gerne einmal wiedersehen will

La Palma

Es ist ungefähr halb acht, als ich von lauten Motorgeräuschen geweckt werde. Wir sind quasi im Landeanflug auf die kleine Insel La Palma. Der Käpt'n geht in die Bremsen und beginnt mit dem Einparken im Hafen. Genau wie in Funchal ist dieser Vorgang auch hier wieder beeindruckend. Ich ziehe erneut den Hut vor den „Leichtmatrosen", die diesen riesigen „Kahn" fehlerfrei im Hafen parken können. Viel los ist um diese Zeit noch nicht an den Anlegestellen. Lediglich ein Schiff erwartet uns bereits. Ihr ahnt es schon, oder? Richtig, die ARMAS. Ich glaube, ich leide an Verfolgungswahn, doch bevor ich mir weitere Gedanken machen kann, höre ich eine bekannte Stimme über das Bordmikrofon. Pünktlich meldet sich unser Kapitän, der alle Gäste mit einem fröhlichen „Reise-Reise", dem morgendlichen Weckruf für die Matrosen bei der Marine, weckt. Für mich ist das natürlich keine Überraschung, da ich ja bereits von „Käpt'n Blaubär" wusste, wie diese Begrüßung in aller Frühe lautet.
Draußen ist es stark bewölkt und es regnet ein wenig. Etwas mürrisch schaue ich hoch zu den grauen Wolken, denn auf diese Insel hatte ich mich am meisten gefreut. La Palma war ja von Anfang an für mich das spannendste Reiseziel und deshalb hatten wir uns – genau wie für Madeira – einen dicken Reiseführer zugelegt. Zusätzlich hatte ich mir einige Reiseberichte im weltweiten Netz angesehen, die von freundlichen Menschen dort abgelegt sind. Die meisten Tipps konnte mir jedoch meine Kollegin Ruth geben, die bereits mehrfach auf dieser Insel zu Gast war.

Wie wir alle wissen, heißt La Palma ja eigentlich „San Miguel de la Palma" und ist die nordwestlichste der sieben großen

Kanarischen Inseln im Atlantischen Ozean, die eine der siebzehn Autonomen Gemeinschaften Spaniens bilden. La Palma hat bei einer Fläche von 708 Quadratkilometern eine Länge von etwa 42 Kilometern und eine Breite von etwa 28 Kilometern. Sie ist mit einem Flächenanteil von 9,45 Prozent an der Gesamtfläche aller Kanaren die fünftgrößte Insel des Archipels. La Palma gehört zur spanischen Provinz „Santa Cruz de Tenerife". Hauptstadt ist „Santa Cruz de La Palma" auf der Ostseite. Auf der Westseite La Palmas befindet sich die größte Stadt der Insel, „Los Llanos de Aridane". Die Landessprache ist Spanisch mit lateinamerikanischem Einfluss. Die üppige Vegetation und die natürliche Schönheit der Insel führten zu den Beinamen „Isla Bonita" („die schöne Insel") und „Isla Verde" („die grüne Insel").
Genau das ist der Grund, warum ich mich heute sehr auf diese schöne Insel freue. Wenn vielleicht noch die Sonne vorbeischauen würde?

Heute frühstücken wir mal etwas schneller und bereits um kurz nach 9 verlassen wir das Schiff. Draußen warten mehrere Busse auf die Ausflügler sowie eine riesige Armada an Taxen. Nach dem obligatorischen Foto auf der Gangway marschieren wir an allen Fahrzeugen vorbei und lehnen dankend die Angebote der freundlichen Taxifahrer ab. Denn auch für heute haben wir im Vorfeld einen Mietwagen reserviert.
Strategisch günstig tummeln sich mehrere Autovermieter in einer kleinen Halle, nur ein paar Hundert Meter von unserer Anlegestelle entfernt. Wir hatten beim lokalen Anbieter „CICARS" reserviert. Diese Idee hatten aber wohl fast alle anderen auch, denn es herrscht reger Betrieb vor dem CICARS-Schalter. Gegenüber an den anderen Schaltern bei den bekannten und üblichen Verdächtigen ist dagegen wenig bis gar nichts los. Also – spontan, wie wir nun mal sind – wechseln

wir die Seite und buchen bei den „Herz-Damen“ einen schicken Kleinwagen für noch kleineres Geld. Schnell stornieren wir beim Lokalanbieter, der sogar auf einen kurzen Zuruf reagiert, den Wagen und schon geht’s raus auf den Parkplatz. Die Welt könnte so schön sein, wenn doch alle Menschen so herrlich unkompliziert wären wie hier.
Bei Nieselregen und grauem Himmel starten wir unsere bestens vorbereitete Inseltour. Als wir gerade losfahren wollen, sehen wir eine Gruppe von Radfahrern, die einen Ausflug auf dem Schiff gebucht hatte. Vorneweg radelt der junge Trecking-Guide, also der Sportsfreund, den ich am ersten Abend kurz kennen gelernt habe. Bevor die Truppe das Hafengelände verlässt, sind alle schon mal schön nass geworden. Da kommt sicher Freude auf.
Unsere Freude ist trotz der dunklen Wolken ungetrübt. Langsam rollen wir durch die Hafenstraße und erreichen schnell die Hauptstrasse von Santa Cruz. Übrigens hat sich Andy wieder als Fahrer angeboten, da er tags zuvor auf Madeira schon so richtig Spaß am Fahren hatte. Das Angebot nehmen wir drei Mitfahrer natürlich gern an. Relativ leicht finden wir die Straße in Richtung „Los Llanos“, die in Santa Cruz an jeder Abzweigung ausgeschildert ist. Die Straße schlängelt sich in mehreren Kurven hinauf und nach ein paar Minuten können wir zurück auf die Stadt und das Meer blicken. Allerdings ist der Blick nicht sehr einladend, alles ist irgendwie dunkelgrau. Der Regen wird immer stärker und die Temperatur sinkt auf 12 Grad. Sollte uns ausgerechnet heute auf dieser schönen Insel das Wetter einen Strich durch die Rechnung machen? Dann denke ich kurz noch mal an die Radfahrer und bleibe optimistisch. Im Reiseführer lese ich als Überschrift in dicken Buchstaben: „Der sonnige Westen“. Also vertraue ich einfach auf das chronisch gute Wetter auf der anderen Seite der Insel. Unsere beiden „Mädels“ schauen allerdings reichlich belämmert aus

der Wäsche und sind mit Sonnentop und Flip-Flops wieder einmal erstklassig gekleidet. Hoffentlich geht das gut heute.
Die Straße ist wie ausgestorben. Mehr als zwei Autos sind uns bisher nicht entgegen gekommen. Nach ein paar Kilometern teilt sich die Straße und wir fahren in einen Tunnel. Als wir nach knapp 2 Minuten den Tunnel wieder verlassen, trauen wir unseren Augen kaum. Es ist deutlich heller geworden. Ein paar Minuten später hört der Regen auf und das Thermometer zeigt 16 Grad an. Ganz im Westen sieht man bereits erste Sonnenstrahlen durch die Wolken scheinen. Nördlich von uns liegt das riesige Gelände eines Nationalparks. Die Bergspitzen sind leider Wolken verhangen. Diese Region haben wir uns für den Rückweg aufgehoben, vielleicht ist dann das Wetter hier besser.
Wir sind bereits in ca. 700 Metern Höhe, als wir uns einer kleinen Stadt namens „El Paso" nähern. Bei diesem Namen läuft doch jedem Western-Liebhaber das Wasser im Mund zusammen. Von *John Wayne* und *Clark Gable* über *Robert Mitchum* bis hin zu *Bud Spencer* und *Terence Hill* müssen alle großen Revolverhelden doch hier gewesen sein. Oder gibt es diesen Ort etwa auch woanders? Wenn ich dieses verschlafene Nest sehe, muss das wohl so sein. Hier deutet nichts auf den „Wilden Westen" hin, stattdessen ist um diese Uhrzeit noch nichts los in den Gassen von „El Paso", obwohl es immerhin knapp 5000 Einwohner geben soll.
Weiter geht die Fahrt zu dem Ort, der uns seit unserem Start in „Santa Cruz" auf allen Hinweisschildern begleitet. Wir erreichen die „wirkliche Hauptstadt" der Insel. So nennt man in dieser Gegend „Los Llanos", eine Stadt mit über 20000 Einwohnern, die durch ihre Geschäfte und Restaurants weitaus vitaler sein soll als „Santa Cruz". Leider können wir zu dieser frühen Tageszeit davon nicht viel sehen, denn im Gegensatz zu den hektischen Deutschen geht man hier das Leben doch

deutlich gelassener an. Beneidenswert. Aber wir wollen ja nicht klagen, denn bei inzwischen frühlingshaften Temperaturen geht es uns auch ganz hervorragend. Unsere Fahrt in Richtung Westen geht weiter über Felder, Wiesen und Auen. Doch statt leuchtendem Ährengold sehen wir grüne Bananenstauden, so weit das Auge reicht. Durch das milde Klima wachsen die Bananen hier wie Sand am Meer. À propos „Meer" – es wird Zeit, dass wir mal einen Fuß in den Atlantik halten. Also halten wir uns nicht lange auf und die Reise geht weiter durch das kilometerlange Gebiet von Bananenplantagen bis hin zum ältesten spanischen Ort der Insel.

„Tazacorte", diesen schönen Ort hatte ich als erstes Etappenziel für meine kleine Reisegruppe ausgesucht. Mein schlauer Reiseführer hatte mir verraten, dass es nirgendwo auf La Palma südländischer zugeht als hier. Dafür sorgen das stets warme Klima, die farbige Altstadt mit ihren engen Gassen. Auch die tolle Aussicht über die Bananenfelder aufs Meer und die mußevolle Lebensart der Bewohner sprechen dafür, dass dieser Ort ganz in meinem Sinne sein müsste. Ich bin gespannt auf das, was uns hier erwartet und ob die drei „Abenteurer" neben mir auch begeistert sein werden.
Wir parken den Wagen am Ortsrand, steigen aus und genießen zu allererst die milde Luft. Nach dem feuchtfröhlichen Start heute morgen freuen wir uns, dass wir unsere Nasen in die Sonne halten können. In Richtung Westen sehen wir bereits das Meer, nur noch ein paar Kilometer entfernt. Wie im Reiseführer beschrieben, schauen wir über ellenlange Bananenfelder. Ein toller Blick. Dann schlendern wir in die Innenstadt. Wobei der Begriff „Stadt" etwas übertrieben ist. Dazu ist dieser „Ort" viel zu gemütlich. Mitten im Ortskern fällt unser Blick zuerst auf einen großen runden Platz, der zu einer Seite von einer riesigen Bühne begrenzt wird. Natürlich wollen wir

unbedingt sofort wissen, was es dort zu sehen gibt. Und wieder werden wir an die bevorstehenden Feiertage erinnert, denn auch hier ist - genau wie gestern auf Madeira - eine wunderschöne Krippe in einer tollen Weihnachtslandschaft aufgebaut. Wir gönnen uns einige Minuten, um alle Details zu bestaunen, denn hier waren echte Künstler am Werk. Außer einer Hand voll Touristen und ein paar Straßenarbeitern ist allerdings nicht viel los auf den Straßen. Der „Kanare“ und die „Kanarierin“ haben halt doch einen anderen Tagesablauf als wir. Ja ja, ich weiß, die Bewohner der Inseln heißen „Canarios“, aber die anderen Begriffe hören sich doch viel lustiger an.
Wir drehen deshalb nur eine kleine Runde durch den Ort und stellen fest, dass alles hier unglaublich bunt und farbenfroh ist. Man bekommt ganz einfach gute Laune auf dieser Insel. In einem kleinen Supermarkt decken wir uns mit Getränken ein und nehmen auch gleich mal zwei Gläser einer heimischen Spezialität mit. Und zwar die „Mojo-Sauce“, die hier auf La Palma (und auch auf anderen Kanarischen Inseln) ganz oft zu Kartoffeln gegessen wird. Die grüne „Mojo Verde“ hat ihre Farbe vom Koriander und die rote „Mojo Rojo“ eher vom Chili. Beide sind schön würzig, scharf und recht knoblauchlastig. Hört sich lecker an und deshalb wollen wir beide Saucen unbedingt probieren. Auf dem Rückweg zum Auto bestaunen wir noch mal die Bananen, die hier wirklich auf jeder freien Fläche wachsen. Wir werfen noch einen letzten Blick auf diesen schönen Ort und steigen in den Wagen. Aber nur für ein paar Minuten, denn dann erreichen wir schon unser nächstes Ziel.
Wir parken direkt an der Strandpromenade von „Puerto Tazacorte“. Um unseren ersten Eindruck zu beschreiben, zitiere ich mal kurz aus dem Reiseführer „Reise Know-How“. Dieser sagt: *„...kaum ein Ort der Insel liegt besser. Wo die „Barranco de las Angustias“ (Schlucht der Ängste) in einem weiten Delta ins Meer mün-*

det, ducken sich die Häuser von Puerto de Tazacorte unter den knapp 600 Meter hohen Steilwänden. Zwischen den Klippen erstreckt sich steiniger Strand, auf den der Atlantik bei günstiger Strömung ein paar Tonnen Sand ablädt..."

Das mit der Lage dieses Ortes kann ich uneingeschränkt bestätigen. Vor einer riesigen Steilwand, die fast bis ins Wasser reicht, wirken die bunten Häuser davor wie in einem Spielzeugland. Die Sonne scheint bei inzwischen knapp 20 Grad vom blauen Himmel und wir wandern ein paar Meter an der Promenade entlang. Am Strand liegen sogar ein paar vereinzelte Leute im schwarzen Sand. Die bunten Häuser entpuppen sich als eine Reihe von mehren Bars und Restaurants, von denen die meisten sogar geöffnet sind. Bevor wir uns allerdings eine Bar aussuchen, wollen wir unbedingt die Wassertemperatur testen. Dazu trennen wir uns kurzzeitig. Während Heidi und Andy es sich auf der Promenadenmauer gemütlich machen, ziehen Anja und ich die Schuhe aus und laufen barfuss über den schwarzen Strand zum Wasser. Im ersten Augenblick kommt es einem ziemlich kalt vor, doch schon nach ein paar Metern ist es sehr angenehm und erfrischend. Herrlich, so mitten im Dezember in kurzen Hosen und T-Shirts am Atlantik entlang zu wandern. Der schwarze Sand klebt uns an den Füßen, sobald wir das Wasser verlassen. Als wir nach ein paar Minuten das Strandende erreichen, sind die Füße schön dunkel. Ich entdecke ein Paar Badeschlappen einsam und verlassen im Sand. Bei genauerem Hinsehen entpuppen die sich als blau-weiße „Adiletten" mit dem Logo meines Lieblingsclubs aus dem Ruhrpott. Der Besitzer schwimmt weit draußen im Atlantik herum. Schade, ich hätte ihm gern ein zackiges „Glückauf" zugerufen. Lachend sage ich zu Anja: „Du kannst hinfahren, wo du willst – Schalker triffst du auf der ganzen Welt". Wir spazieren langsam zurück und lösen Heidi und Andy auf der Mauer ab. Während wir mühsam unsere Füße

reinigen, wandern die Beiden jetzt den Strand auf und ab. Nachdem wir alle unseren Frühsport beendet haben, suchen wir uns ein sonniges Plätzchen in einer des zahlreichen Bars. Wir genießen einen leckeren „Cafe con lecce“ und frisch gepressten Orangensaft. Mindestens eine halbe Stunde bleiben wir in der Sonne sitzen und genießen das Kanarische Winterwetter.
Ein weiterer Tipp meiner Kollegin Ruth war die Fahrt zum Aussichtspunkt „Mirador El Time“ im Nordwesten der Insel. Also machen wir uns auf den Weg und fahren die vielen Serpentinen hinauf. Vorbei an endlosen Bananenfeldern und einer wunderschönen Kirche, die mitten im Weg steht, geht die Fahrt bis auf knapp 600 Meter Höhe. Wir parken dort oben und genießen einen tollen Blick in alle Richtungen. Man kann wirklich sehr weit über das Tal hinweg die Küste nach Süden entlang blicken. Nach ein paar Erinnerungsfotos treten wir dann aber wieder den Rückweg an. Wir fahren denselben Weg zurück, da wir noch zum eigentlichen Herzstück der Insel wollen.
Die „Caldera de Taburiente“ ist unser Ziel für diesen Nachmittag. Inzwischen ist schon etwas mehr los als heute früh. Trotzdem kommen wir zügig voran und durchqueren diesmal jeweils vom Westen her die Orte „Tazacorte“, „Los Llanos“ und „El Paso“ und finden irgendwann die Zufahrt zur „Caldera“. Das Wetter bleibt stabil und man kann jetzt überall die hohen Berge sehen, die heute Morgen noch von den Wolken verdeckt waren. Da haben wir doch alles richtig gemacht. Darüber freuen wir uns so sehr, dass wir ganz locker an dem Besucherzentrum vorbei rauschen, da wir so hoch wie möglich mit dem Auto fahren wollen. Dem Reiseführer entnehmen wir die Daten des riesigen Kessels der „Caldera de Taburiente“, der als Nationalpark unter Naturschutz steht. Er ist knapp 9 Kilometer breit und bis zu 2000 Meter tief. Sein über 23 Ki-

lometer langer Rand ist von einigen Gipfeln gespickt, dessen höchster mit 2426 Metern der „Roque de los Muchachos“ ist. Entstanden ist die „Caldera“ nach mehreren Vulkanausbrüchen vor etwa 35 Millionen Jahren. Lange Zeit hatte man angenommen, dass sie ein Krater sei, doch tatsächlich handelt es sich um eine durch Wasserkraft und Einstürze verursachte Höhlung. Im Berginnern entspringende Quellen, Regengüsse und das anbrandende Meer brachten den ursprünglich 4000 Meter hohen Vulkan irgendwann zum Einsturz.

Nach knapp 5 Kilometern stehen wir plötzlich vor einer Schranke. Aus einem kleinen Bretterhäuschen schaut ein freundlicher Mann heraus und fragt uns in akzentfreiem Spanisch-Englisch-Deutsch: „Ticket?“ und erntet dafür fragende Blicke aus vier Gesichtern. Der Mann erklärt uns irgendwie, dass wir ein Ticket aus dem Besucherzentrum vorlegen müssten, da die Zahl der Fahrzeuge begrenzt wird. Also drehen wir um, fahren wieder die 5 Kilometer bergab und parken am Besucherzentrum. Ein riesiges Schild erklärt in mehreren Sprachen, dass man für den Besuch der Caldera zuerst ein Ticket holen muss. Wieder einmal bewahrheitet sich die alte Weisheit, dass derjenige, der lesen kann, klar im Vorteil ist. Wir richten uns jetzt erstmal auf eine längere Wartezeit ein, doch zu meiner Überraschung händigt mir die nette Mitarbeiterin umgehend ein Ticket mit unserer Autonummer aus. Und ruckzuck sind wir wieder auf der Piste. Nach ein paar Minuten stehen wir wieder an der Schranke. Der Schrankenwärter kommt auf uns zu (spontan fällt mir der uralte Witz von Otto Waalkes über den Kollegen aus Klein-Wülferode ein, der die Schranken etwas zu spät geschlossen hat und dadurch etwas Zug bekommen hat), kontrolliert das Ticket und winkt uns lachend durch. Die Fahrt geht weiter und die Straße schlängelt sich ellenlang hinauf. Nach über 10 Minuten erreichen wir einen kleinen Parkplatz, der ziemlich gut gefüllt ist. Wir finden aber

noch einen Platz und steigen aus. Sofort weht uns ein leichter Wind um die Ohren, allerdings angenehm mild.
Auf den ersten Blick bietet sich uns ein phantastisches Panorama. Wir orientieren uns kurz an einem Lageplan und stellen fest, dass es hier ausgiebige Wanderwege gibt. Man kann einerseits weiter hoch klettern, andererseits weit hinunter in den Krater gehen oder auch weitläufig durch den Wald drum herum. Da Heidi ausschließlich ihre „Schönwetter-Schläppchen" dabei hat und keine gebirgstauglichen Schuhe, bleibt sie am Auto, während wir anderen drei einen kleinen Marsch machen. Leider stellt sich ziemlich schnell heraus, dass uns für eine längere Wanderung die Zeit fehlt. Also gehen wir nur ein paar hundert Meter am Kraterrand entlang und genießen die tolle Aussicht. Am Himmel jagen ein paar Wolken entlang und bieten immer wieder einen anderen Blick auf die Bergspitzen. Imposante Felswände erheben sich malerisch mehr als 1000 Meter hoch über die Kiefernwälder. Schroffe Grate trennen tiefe Schluchten, in denen kristallklares Wasser ins Tal stürzt. Wir machen eine Menge Fotos und drehen dann schweren Herzens wieder um. Anja und ich nehmen uns allerdings vor, dass wir auf jeden Fall mal wieder hierher kommen wollen. Diese wunderschöne kleine Insel hat uns bisher wirklich begeistert.

Bei immer noch angenehmen Wetter fahren wir gemütlich zurück in Richtung Santa Cruz. Ohne große Zwischenfälle erreichen wir wieder den Tunnel, den wir auch heute Morgen schon durchquert hatten. Unsere Befürchtung, dass uns auf der anderen Seite des Tunnels wieder dasselbe schlechte Wetter erwartet wie in der Frühe, bestätigt sich zum Glück nicht. Auch auf dieser Seite scheint inzwischen die Sonne, obwohl man im Norden einige größere Wolken sieht.

An einem kleinen Parkplatz halten wir noch mal an, da man von hier einen wunderschönen Blick auf die Stadt und den Hafen hat. Neben vielen kleineren Booten liegt dort ganz majestätische „unsere Bella" im Sonnenlicht. In südöstlicher Richtung erkennen wir über dem Meer die Umrisse der Insel La Gomera und ein Stück weiter links sehen wir den höchsten Berg der Kanarischen Inseln, den „Pico del Teide" auf Teneriffa. Dieser ist mit 3718 Metern gleichzeitig die höchste Erhebung in Spanien.
Ohne Pause fahren wir dann die letzten Kilometer in die Stadt hinein. Wir tanken kurz zum Spitzen-Vorzugspreis von knapp 60 Cent für einen Liter Benzin und steuern einen großen Parkplatz direkt am Stadtrand an. Die wenigen Meter bis in die gemütliche Innenstadt von Santa Cruz bewältigen wir locker zu Fuß. Es gibt viele kleine Lokale und Läden, von denen allerdings nur ungefähr jeder Fünfte geöffnet ist. Der Rest hat sich bereits in die wohlverdiente und ausgiebige Mittagspause namens „Siesta" verabschiedet. Also schlendern wir einmal die „Mainstreet" auf und ab und suchen uns einen sonnigen Platz in einer kleinen Bar mit Meerblick.
An dieser Stelle nehme ich mir die Zeit, das heutige Ausflugsprogramm der AIDA zu studieren. Mal sehen, was hier alles angeboten wird. Es gibt natürlich eine ausgiebige Inselrundfahrt, eine Städtetour durch Santa Cruz, gezielte Fahrten in den Norden der Insel oder in den Caldera Nationalpark und spezielle Besuche von mehreren Vulkanen und Tabakplantagen. Wer es sportlicher mag, konnte zwischen mehreren Wanderungen mit unterschiedlichem Schwierigkeitsgrad wählen. Das stelle ich mir als Dolomiten-Wanderfreund ziemlich spannend vor. Dann waren noch eine Katamaran-Safari und eine Tour in die Berge mit einem „Quad", diesem Moped mit den vier riesigen Reifen, im Angebot. Abgerundet wurde das Ausflugsprogramm mit den Spezialtouren für Mountainbiker

und Taucher, die ebenfalls aus diversen Angeboten wählen konnten. Lediglich die Golfer mussten sich für heute eine andere Beschäftigung suchen, denn auf La Palma ist Golfen nicht möglich. Schade für die „Golfsportler", aber mein Mitleid hält sich in Grenzen.

Nach einem kleinen Tässchen „Café solo" gönnen wir uns anschließend ein großes Tässchen mit kühlem Gerstensaft aus dem Hause des heiligen Braumeisters „San Miguel". Dazu gibt's leckere „Bocadillas" mit Käse und Schinken. Wir haben den Snack noch nicht ganz verspeist, da ziehen pechschwarze Wolken aus dem Norden herüber. Das sieht ganz und gar nicht gut aus, also zahlen wir schnell und machen uns wieder auf den Weg zum Auto. Über dem Meer scheint noch die Sonne, während es hinter uns immer dunkler wird. Wir fahren die kurze Strecke zum Hafen und parken direkt an der Autovermietung. Die Autoschlüssel dürfen wir einfach in den Briefkasten werfen, denn auch hier sind alle Mitarbeiter mit der „Siesta" beschäftigt. Wir freuen uns über die problemlose Fahrzeugrückgabe und legen die letzten paar hundert Meter bis zum Schiff zu Fuß zurück. Kaum sind wir unterwegs, da fängt es an zu regnen. In diesem Augenblick kommen Mountainbiker von ihren Ausflügen zurück. Die Jungs waren bis zur Nordküste geradelt und sind ordentlich nass geworden, denn im Norden hatte es heute andauernd geregnet. Da haben wir doch mit unserem Ausflug in den sonnigen Westen wieder alles richtig gemacht. Pünktlich um 17 Uhr sind wir wieder auf dem Schiff und kurze Zeit später heißt es auch schon: „Alle Mann an Bord". Jaja, die Frauen natürlich auch und sogar die englischsprachige „Irene".

Herr Rizzi und der Nebel von Avalon

Wir gehen in unsere Kabinen, ziehen uns um und treffen uns an Deck, um live beim Auslaufen des Schiffes dabei zu sein. Pünktlich um 18 Uhr versammeln wir uns mit hunderten anderen Passagieren am Oberdeck. Dunkle Wolken treiben am Himmel und es ist ziemlich windig. Der Wind lässt sogar das obligatorische „Sail away" verstummen. Dann meldet sich unser Käpt'n und erklärt den Gästen die genaue Route nach Lanzarote, unserem nächsten Ziel. Wir werden vorbei an einigen anderen Inseln, also nördlich von La Gomera, Teneriffa und später Fuerteventura über den Atlantik „segeln", wie der Käpt'n immer so schön sagt. Er kündigt allerdings schon mal vorsichtshalber eine etwas unruhige Fahrt an und meint außerdem, dass es bald regnen könnte. Kaum hat er das ausgesprochen, fängt es auch schon an. Und zwar gleich so, als ob dort oben jemand die Duschen aufgedreht hat. Alle Gäste versuchen so schnell wie möglich nach drinnen zu kommen, um sich vor der ungemütlichen Abkühlung zu schützen. Wir gönnen uns noch ein Getränk an der Bar, schauen dabei über das graue Meer und sehen langsam aber sicher die Lichter von Santa Cruz de La Palma verblassen. Schade, wenn das Wetter so schön wäre wie gestern in Funchal, könnte man jetzt sicher die Nachbarinseln vom Deck aus sehen. Aber was soll's? Wir hatten schließlich einen wunderschönen Tag auf einer beeindruckenden Insel. Und außerdem sitzen wir ja warm und trocken und bereiten uns jetzt schon mal auf das Abendessen vor.

Erneut erobern wir die Buffets der großen weiten Welt im gleichnamigen Restaurant. Und wieder mal fällt die Entscheidung schwer. Am liebsten würde man alles probieren, doch leider müssen wir uns auf einen kleinen Teil beschränken, um nicht zu platzen. Allein schon die Desserts sehen dermaßen lecker aus, dass man sich vorher unbedingt zurückhalten muss, wenn man die süßen Köstlichkeiten ausprobieren möchte. Die Kellner in diesem Restaurant sind überaus freundlich und aufmerksam, wie überhaupt das gesamte Personal eine große Herzlichkeit an den Tag legt. Und das ist bestimmt nicht immer einfach, denn manche Kunden sind doch ziemlich anstrengend. Aber wir erleben fast ausschließlich nette Leute an Bord. Einer der Kellner, dessen indonesischer Name so ähnlich wie „Hermann“ klingt, hatte uns am Tag zuvor nach unseren Vornamen gefragt und begrüßt uns alle Vier tatsächlich mit den richtigen Namen. Es scheint ja eine deutsche „Spezialität“ zu sein, im Urlaub gern immer denselben Tisch bei denselben Kellern zu belegen (vom reservieren von Strand- oder Pool-Liegen will ich mal gar nicht erst reden). Generell würde ich auch lieber alle angebotenen Restaurants an Bord ausprobieren, doch die Auswahl ist in diesem Restaurant derart riesig, dass ich wirklich jeden Abend neue Sachen entdecke und vom Angebot einfach begeistert bin. Das wäre zum Beispiel anders, wenn man jeden Tag ausschließlich in die Pizzeria gehen würde. Aber dort würden wir nur in „Notfällen“ hingehen, um nicht zu verhungern.

Nachdem wir das Buffet mit den Gaumengenüssen so gut wie möglich abgeräumt haben, schlendern wir in die „Zentrale Sammelstelle der Kommunikation“, das Theatrium. Gestern hatten wir ja eine freundliche Einladung zu einer Ausstellung bekommen und deshalb nehmen wir uns heute Abend vor, unseren kulturellen Hintergrund mal ordentlich zu erweitern. Die nette Mitarbeiterin der Galerie erweitert allerdings erstmal unseren Getränkekonsum um ein Glas Sekt. Nach diesem gastfreundlichen Empfang erzählt sie uns einiges über den Künstler dieser Ausstellung, Mr. James Rizzi.

„Rizzi wurde im New Yorker Stadtteil Brooklyn geboren und studierte Kunst an der University of Florida in Gainesville. Bereits während seines Studiums beschäftige er sich mit der Kombination von Malerei und Skulptur und entwickelte schließlich die von ihm häufig verwendete Technik der 3D-Grafik. Nach Abschluss seines Studiums 1974 hatte er erstmals Gelegenheit, seine Arbeiten im New Yorker Brooklyn Museum der Öffentlichkeit zu präsentieren.

Mit wachsender Popularität begannen sich Galerien und Museen für seine Werke zu interessieren, aber auch neben der Malerei fand Rizzi ein breites Betätigungsfeld, indem er unter anderem Platten/CD-Cover, Animations-Musik-Videos und verschiedenste Gebrauchsgegenstände, von Telefonwertkarten bis zu Rosenthal-Porzellan, gestaltete. Zahlreiche Einzelausstellungen und Auszeichnungen waren die Folge, heute ist James Rizzi einer der populärsten zeitgenössischen Künstler der Pop Art. Rizzi hat sich bereits mehrmals in Kooperation mit deutschen Organisationen für wohltätige Zwecke engagiert. So ging beispielsweise in einer Zusammenarbeit mit dem „Lions Club Krefeld Rheintor" der Erlös einer kompletten limitierten und signierten Edition der Lithografie „Gone With The Wind" an die Opfer der Hurrikankatastrophe in New Orleans. Für Peter Maffays unter der Schirmherrschaft der deutschen Bundeskanzlerin Angela Merkel stehendes Projekt „Begegnungen" zugunsten hilfsbedürftiger Kinder übernahm Rizzi die Patenschaft für ein Schulprojekt des Lakota-Indianerstammes im US-Bundesstaat South Dakota."

All das hat uns die Dame natürlich nicht alles selbst erzählt. Vieles davon konnten wir selbst an den Informationstafeln neben den Werken des Künstlers nachlesen. Den Rest erzählten mir später die Mitarbeiter von „Goggel" im Internet. Das ist ja wirklich ein interessanter Mann. Wir sind ziemlich beeindruckt von den zumeist sehr farbenfrohen Bildern in der oben genannten 3D-Technik und insbesondere von der Vielfalt und der hohen Anzahl der hier ausgestellten Werke. Die AIDA-

Gäste können alle Bilder mit einem kleinen Preisnachlass erwerben und sich diese sogar nach Hause schicken lassen. Für Interessierte sicherlich ein attraktives Angebot.

Im Theater nebenan läuft gerade eine ebenso interessante Show. Darsteller und Sänger in wunderschönen und ausgefallenen Kostümen präsentieren ein Stück namens „Avalon".

Avalon wird als ein im Nebel verborgener Ort in Britannien beschrieben. Die Ankunft auf Avalon sei nur Eingeweihten möglich, welche die Macht haben, die heilige Barke zu rufen, und den Weg durch die Nebel zu finden. Alle anderen erreichten die Abtei von Glastonbury. Als „Übergangspforte" wird im Volksglauben oft auch der Glastonbury Tor angesehen. Der Ort Glastonbury in England erhebt daher den Anspruch, das sagenhafte Avalon zu sein. Man kann dort, sozusagen als Beweis, das angebliche Grab von König Artus und seiner Gattin Guinevere besichtigen, ebenso wie weitere Gräber anderer Heiliger.
Vieles von Avalon deutet also auf das versunkene Atlantis hin, das laut Platon „während eines einzigen schlimmen Tages und einer einzigen schlimmen Nacht" im Meer versank und dessen Ruinen heute nicht mehr aufzufinden sind, da "...das Meer dortselbst unbefahrbar geworden und nicht zu durchschiffen, weil der sehr hoch liegende Schlamm, den die Insel bei ihrem Untergang verursachte, dies verhindert" sagte der alte Platon.

Auch zu diesem Thema habe ich mich ein wenig „schlau gemacht", kann ja nicht schaden. Wir bewundern die künstlerische Umsetzung dieser Geschichte und sind auch in diesem Fall von den Darstellern beeindruckt. Alles, was wir bisher hier im Theatrium gesehen haben, wirkt absolut professionell. Das Angebot auf dem Schiff ist ohne Zweifel gigantisch und wenn man bedenkt, dass auf den anderen Schiffen der Flotte dasselbe oder ein ähnliches Programm geboten wird, dann kann man sich vorstellen, wie viele gute Künstler auf den Weltmeeren unterwegs sind.

Irgendwann ist dann aber auch unser Bedarf an den kulturellen Angeboten gedeckt und wir wollen uns noch ein Stündchen amüsieren. Mindestens. Denn morgen auf Lanzarote haben wir ja keine größere Tour geplant und wollen stattdessen mal etwas länger schlafen. Wenn wir wüssten! Aber dazu später mehr.

Genau wie vorgestern Abend zieht es uns in die „Any-Time-Bar" auf Deck 12 mit Meerblick. Dort sind heute die 70er-Jahre das Thema. Das ganze Lokal ist mit bunten Accessoires aus der Flower-Power-Zeit geschmückt. Überall sieht man die „Pril-Blumen" in allen Farben. Damit haben meine „kleine" Schwester und ich früher schön Mutters gesamte Küche verschandelt (weil die Klebe in den 70ern nie ganz abging). Musikalisch erfreut uns der DJ heute mit Songs von Baccara, Sweet, T-Rex, Bonnie Tyler und natürlich der gesamten Song-Palette von „Boney M". Vor meinem geistigen Auge sehe ich den guten alten „Bobby Farrell" wild herum springen, während der „Macher" Frank Farian dazu heimlich gesungen hat. Denselben Trick hat er ja später mit „Willi Manilli" (oder umgekehrt) noch mal gebracht. Aber was soll's? Das war schon eine coole Zeit, aber da können meine drei jüngeren Mitreisenden ja überhaupt nicht mitreden. Trotzdem amüsieren wir uns alle köstlich und verlassen irgendwann glücklich und zufrieden den Tanzsalon. Trotz der inzwischen ziemlich hohen Wellen erreichen wir wieder einmal fehlerfrei und ohne nennenswerte Zwischenfälle unsere Kabinen.

Heute Nacht merken wir erstmals so richtig, dass wir uns auf einem Ozean befinden. Endlich mal richtiger Wellengang. Mit leichten gleichmäßigen Schaukelbewegungen schlafe ich irgendwann ein. Mitten in der Nacht werde ich vom Schaukeln des Schiffes wach und schaue aus dem Fenster. Draußen tobt das Meer. Alles ist grau, die Wellen sind so hoch wie noch nie auf der Reise. Ich gehe auf den Balkon und sehe ein tolles Schauspiel sowohl am Himmel als auch auf dem Meer. Die Wolken rasen über uns entlang, immer wieder unterbrochen von großen Lücken, durch die jede Menge Sterne zu sehen sind. Die Wellen sind immer noch ziemlich groß und erwischen uns genau seitlich auf unserer Kabinenseite. Kein Wunder, dass man dabei nicht ganz so ruhig schlafen kann. Die Luft ist sehr mild und ich genieße die Natur hier draußen noch ein paar Minuten. Denn außer dem gleichmäßigen Motorengeräusch höre ich nichts als den Wind und das Meer. Dazu fällt mir direkt ein tolles Buch ein, das Anja mir vor kurzem geschenkt hat. Es heißt „Windgeflüster“ und enthält tolle Fotos und viele Geschichten eines meiner Lieblingsautoren, dem Südtiroler Bergsteiger „Hans Kammerlander“. Und tatsächlich, mit etwas Phantasie kann man aus dem Flüstern des Windes so einiges verstehen. Was das war, verrate ich euch aber nicht. Irgendwann geht’s dann zurück ins Bett und für mich steht fest, dass heute für mich der schönste Tag dieser Reise war. Die Insel La Palma hat mich sehr begeistert und nach einem tollen Abend an Bord konnte ich dieses Naturspektakel mitten auf dem Atlantik genießen. Mit der Gewissheit, dass dieser Tag nicht mehr zu Toppen ist, schlafe ich wieder ein.

Lanzarote

„Einen wunderschönen guten Morgen, meine Damen und Herren“. Nach diesen Worten platzt mir fast das Trommelfell. Der Kapitän ist schon froh und munter und brüllt bei vollständig eingeschalteten Bordmikrofonen und mit voller Lautstärke seinen Weckruf in die Kabinen. Es ist nicht mal 8 Uhr, also noch fast mitten in der Nacht. Ja, Heidewitzka Herr Kapitän! Vor Schreck sitzen Anja und ich senkrecht im Bett. Der Käpt'n erzählt von einer unruhigen Nacht auf See. Als ob ich das nicht selbst wüsste. Er nennt die nächtliche Tour „Kopfsteinpflasterfahrt“ – ein passender Ausdruck für die unruhige und gleichzeitig spannende Fahrt bis hierher nach Lanzarote.
Wo ich schon mal wach bin, führt mich mein erster Gang wieder auf den Balkon. Ich schaue nach links und entdecke Andy, der ebenfalls bei des Käptn's Ansage aus dem Bett gefallen ist. Verschlafen blicken wir uns beide um und kriegen einen Lachanfall. Ich erzähl euch nicht, welches Schiff genau gegenüber von uns liegt. Dazu komme ich gleich. Jetzt kommen Anja und Heidi auch auf den Balkon und gemeinsam genießen wir die milde Dezembersonne über „Arrecife“, dem heutigen Ziel der Reise. Wie gewohnt erzähle ich zuerst mal wieder ein paar wichtige Fakten über diese Insel, damit auch jeder Leser etwas lernt.

„Lanzarote ist die nordöstlichste der sieben großen Kanarischen Inseln, die im Atlantischen Ozean eine von Spaniens siebzehn autonomen Regionen bilden. Lanzarote liegt rund 140 Kilometer westlich der marokkanischen Küste und rund eintausend Kilometer vom spanischen Festland entfernt. Bei einer Fläche von 845,94 Quadratkilometern hat sie einen Flächenanteil von 11,29 Prozent an der Gesamtfläche aller Kanaren.

Als erste vollständige Insel wurde Lanzarote 1993 von der UNESCO zum Biosphärenreservat erklärt.
Lanzarote gehört zur spanischen Provinz Las Palmas und seit 1996 zur Europäischen Union. Die Hauptstadt ist „Arrecife", die Landessprache Spanisch. Lanzarote besitzt einen eigenen Inselrat, den „Cabildo Insular", dessen Präsidentin seit Mai 2007 *Manuela Armas* ist".
ARMAS ??? Richtig, genau so heißt auch das Schiff, das uns seit Samstag verfolgt. Oder besser gesagt, das uns immer irgendwie vorausfährt. Ob die gute „Manuela" etwas mit der ARMAS-Flotte zu tun hat, weiß ich zwar nicht, aber irgendwie gehören die Schiffe bestimmt zur Familie. Ich überlege kurz, ob es in der Ostsee oder auf der Müritz wohl eine „Merkel-Flotte" gibt, verwerfe den Gedanken aber gleich wieder, weil ich das nicht wirklich wissen will. Aber mit Sicherheit gibt es eine Menge kleiner Kutter und Segelboote namens „Angela". Aber auch das ist mir egal. Ich erzähle euch lieber noch etwas mehr über diese interessante Insel.

„Lanzarote ist eine Insel vulkanischen Ursprungs. Vor rund 36 Millionen Jahren begannen wiederholte unterseeische Vulkanausbrüche den Sockel der Insel zu bilden. Diese Eruptionen entstanden durch Kontinentaldrifts und „Hotspot-Vulkanismus". Wie wir ja wissen, entstehen diese Zentren vulkanischer Aktivität durch thermische Anomalien im tieferen Erdmantel und treten oftmals innerhalb von „Lithosphärenplatten" auf. Vor 15,5 Millionen Jahren wuchs Lanzarote über die Meeresoberfläche hinaus.
Der Künstler „*César Manrique*" trug entscheidend zur Gestaltung der Insel bei. Herr Manrique hat erreicht, dass außer ei-

nem Hochhaus in der Hauptstadt Arrecife, welches bereits stand, bevor César mit seinem Schulfreund die entsprechenden Gesetze durchbrachte, kein Gebäude auf der Insel höher als sechs Stockwerke (also eine ausgewachsene Palme) gebaut werden durfte und somit die Insel nicht für den typischen Massentourismus geeignet war. Diese Entwicklung hat sich seit einigen Jahren zunehmend verändert, so dass in den Touristenhochburgen „Costa Teguise", „Puerto del Carmen" und „Playa Blanca" in Richtung der Papagayo-Strände nun ebenfalls höher gebaut wird. Die Gestaltung der Häuser sah außerdem vor, sie generell weiß zu streichen und in Fischerorten deren Fensterläden, Türen und Gartenzäune blau und in landwirtschaftlichen Gegenden grün abzusetzen. Inzwischen sind Grün und Blau, aber auch Braun oder Naturholzfarben inselweit vermischt"

Das soll als Grundinformation erstmal reichen. Wir genießen noch ein paar Minuten die morgendliche Sonne auf dem Balkon und schlendern irgendwann gemütlich zum Frühstück, da wir ja heute viel Zeit haben. Wieder mal entscheiden wir uns für das „Bella Vista", denn hier scheint bereits die Sonne herein und wir haben eine Menge Platz. Viele Gäste sind bestimmt schon auf den Ausflugstouren. In aller Ruhe wollen wir das Frühstück genießen, wobei wir uns wundern, wieso viele Sachen gar nicht mehr nachgelegt werden. Ist das Personal etwas schlampig und vergesslich geworden? Überall werden die Tische bereits abgeräumt und für das Mittagessen eingedeckt. Irgendwas stimmt hier doch nicht. Ich drehe schnell eine Runde durch das Lokal und werfe einen Blick auf die Schilder an der Eingangstür. Deutlich lesbar steht dort: „Frühstück bis 9:30 Uhr". Na toll. Wer lesen kann, ist klar im Vorteil. Als wir gerade überlegen, ob und vor allem wo wir das Frühstück fortsetzen wollen, prasseln große Wassermengen an die Fensterscheiben. Was ist jetzt los? Akuter Wetterumschwung? Aber da sehen wir schon eine große hydraulische Hebebühne mit ein paar Männern, welche die Fenster reinigen. Die „Wassermaschine" bewegt sich automatisch weiter in Richtung Schiffsmitte. Wir blicken uns kurz an und denken alle dasselbe. Blitzschnell machen wir uns auf den Weg in unsere Kabinen. Über das Frühstück machen wir uns keine weiteren Gedanken, als wir unsere Zimmer erreichen. Schnell die Balkontür auf und alle Sachen, die nicht dem Schiff, sondern uns gehören, herein holen, dann noch schneller die Tür wieder schließen. Diese Aktion kam keine Sekunde zu früh, denn schon prasselt das Wasser an unsere Balkontür und flutet den ganzen Balkon. Da haben wir noch mal Glück gehabt.

Nach der heiklen Rettungsaktion gehen wir dann auf einen Kaffee in die „Weite Welt". Hier ist noch einiges los, denn man kann bis um 11 Uhr frühstücken. Auch Thomas rennt hektisch umher. Wahrscheinlich hat er ordentlich „Nachdurst" oder macht ein Sektfrühstück mit Olga. Oder beides. Ich weiß, das ist gemein, aber irgendwie scheint der Typ ständig unter Strom zu stehen.
Ich habe ja schon viele verwirrte Geschmäcker in Sachen Ernährung gesehen, aber am Nachbartisch überrascht mich ein Mann mit der Kombination „Nutellabrot mit gekochtem Ei". Lecker, oder? Was soll's? Jedem das seine. Ich bin ja so was von tolerant.

Nach diesem Frühstückserlebnis machen wir uns schick für unseren heutigen Ausflug in die Hauptstadt. Obwohl auch diese Insel sicherlich einiges zu bieten hat, wollen wir heute mal nicht den ganzen Tag mit dem Auto unterwegs sein und planen einen lockeren Relax-Tag. Deshalb legen wir vorsorglich schon mal den „leichten Bieranzug" an. Gut gelaunt schreiten wir über die Gangway, werden fotografiert und wimmeln gefühlte 100 Taxifahrer ab. Irgendwie beginnen alle Landausflüge mit demselben Ritual. Bei angenehmen Temperaturen wollen wir die Innenstadt von Arrecife zu Fuß erreichen. Knapp 10 Minuten laufen wir durch das große Hafengelände, ehe wir die Hauptstraße erreichen. Der Fußmarsch direkt an der Straße entlang macht nicht wirklich Spaß und wir halten Ausschau nach einer Alternative. Prompt hält ein Taxi neben uns an und spontan steigen wir zu. Für gerade mal 5 Euro bringt uns der nette Taxifahrer direkt in die Stadt und ein paar Minuten später bummeln wir bereits über den Wochenmarkt von Arrecife. Zum Glück ist es hier nicht besonders voll und wir wandern ganz entspannt zur Promenade am Meer. Es ist gleich 11 Uhr. Zeit also, um eine Entscheidung über den weiteren Tagesablauf zu treffen. Da wir in Funchal am Sonntag angekommen waren, am Montag in Portugal ein Feiertag war und wir gestern auf La Palma eher die Natur genossen haben, drängt es unsere beiden Damen förmlich zu einem Einkaufsbummel. Großzügig wie wir nun mal sind, legen Andy und ich unseren Ehefrauen dabei überhaupt keine Steine in den Weg. Wir trennen uns an dieser Stelle und verabreden uns in ca. 90 Minuten an einer Bar, die rein zufällig an dieser Promenade liegt. Schweren Herzens und wirklich nur, weil es sich überhaupt nicht vermeiden lässt, steuern wir auf die kleine Bar mit Meerblick zu. Wenn die Frauen „Schoppen", dann können wir das auch. Und zwar „Früh". Zu unserem Glück ist ein kleiner Tisch in der Sonne frei. Auf den ersten Blick gibt es hier keine Touristen, sondern ausschließlich Einheimische. Das ist doch ideal, um einmal authentische Eindrücke eines Mittwochvormittages der Lanzarotischen Ureinwohner zu erleben. Die Bar besteht aus einer achteckigen Holzbude Marke „Weihnachtsmarkt" und mehreren kleinen Tischen unter ein paar alten Sonnenschirmen. An allen anderen Tischen sitzen Männer jeden Alters und spielen Domino, Karten oder irgendein Würfelspiel. Die haben also dieselben Hobbys wie die „Kollegen“ auf Madeira, von denen ich euch ja schon erzählt habe. Tolle Beschäftigung für einen ganz normalen Werktag. Zum Thema „Werktag“ fallen uns gerade unsere Kollegen im Ruhrgebiet ein, die gerade fleißig „an der Schüppe“ sind. Denen zu Ehren hole ich beim Chef der Holzbude, der von allen hier „Paco“ gerufen wird, zwei große Gläser mit hellblondem Inhalt. Zurück am Tisch nehmen Andy und ich einen tiefen Zug und bekommen für den Rest des Tages das Grinsen nicht mehr aus dem Gesicht. Sonnenschein, ein Tisch direkt am Meer und dazu ein Erfrischungsgetränk aus dem Hause „San Miguel“. Es könnte uns wieder mal schlechter gehen. Im Landesinnern sehen wir einen Vulkangipfel des „Timanfaya-Nationalpark“. Während wir weiter unser Bierchen genießen, erzähle ich mal kurz, welche Ausflüge unser Veranstalter heute im Angebot hatte. Wie immer beginnt das Programm mit diversen Busreisen. Die teuerste Tour dauert 8 Stunden und bietet „Lanzarote komplett“. Die Einzeltouren gehen zum Beispiel zu den Vulkanen und Feuerbergen im Timanfaya-Nationalpark, die „Kultur- und Kunst-Route“ in den Heimatort von Cesar Manrique und weitere Möglichkeiten sind eine Wanderung in den Feuerbergen, die Unterwasserwelt von Lanzarotes Küsten oder eine Strand- und Shoppingtour nach Puerto del Carmen. Dann natürlich wieder die speziellen Sportangebote für Radfahrer, Golfspieler und Taucher, diesmal noch ergänzt um einen Reitausflug und eine Segelregatta. Alles in allem erneut ein Riesenangebot, wenn man denn möchte. Und so wie es aussah, wurde das Angebot auch heute wieder sehr gut angenommen. Für uns ist dieser „Entspannungstag“ allerdings genau das Richtige.

Wir erfreuen uns gerade an der Wintersonne und den freundlichen Würfelspielern, als wir eine weitere Gruppe von Männern entdecken, die direkt vor unseren Augen ein paar große

Modellschiffe auspacken. Dabei handelt es sich um wunderschöne handbemalte Segelschiffe und die Männer sind mit kindlichem Eifer dabei, die Boote ins Wasser zu lassen. Schon nach ein paar Minuten stehen die betagten Jungs am Ufer und lenken ihre ferngesteuerten Schiffe kreuz und quer über das Wasser. Dabei freuen sie sich offensichtlich über die staunenden Zuschauer, die inzwischen neben ihnen stehen bleiben. Wirklich ein schönes Schauspiel. Apropos Spiel. Unser Spiel dauert hier ja wie gesagt 90 Minuten und gerade ist die erste Halbzeit vorbei. Zeit also für ein weiteres Erfrischungsgetränk, welches uns Paco mit Begeisterung zapft. Für 0,5 Liter braucht er ungefähr 20 Sekunden, wie es sich für ein gutes Bier gehört. Die Sonne scheint immer noch, als wir auf uns und auf das Leben anstoßen. Dann machen wir das, was fast alle Leute im Urlaub machen, wenn sie zusammen sitzen und trinken. Kennt ihr das? Genau, man erzählt von früheren Urlauben. Und je älter man wird, desto länger liegen die Urlaube meist zurück. Wir sind zum Glück noch nicht so alt, also gehen wir nur ein paar Jahre zurück. Da in der Heimat gerade der Winter naht, beginnen wir auch mit einem der letzten Winterurlaube in Südtirol. Bei zweistelligen Minusgraden fuhr „unsere" Heidi nicht ganz witterungsgerecht bekleidet den Kronplatz hinab. Erste Erfrierungsanzeichen ließen sie leicht verkrampfen und die Laune beträchtlich sinken. Das änderte sich schlagartig, als Anja und ich anlässlich unseres Hochzeitstages einen Notstopp an einer Hütte einlegten und zwei kleine Flaschen Sekt aus dem Rucksack zauberten. Da Heidi vor lauter zittern kaum den Becher halten konnte, habe ich erstmal eine zünftige Schneeballschlacht angezettelt. Danach war uns allen warm und wir ließen uns die „Piccolöhchen" schmecken. Das war ja noch nicht wirklich lustig, aber danach begann die Show erst. Nach der nächsten Abfahrt warteten Andy und ich unten im Tal auf unsere Frauen, die ganz entspannt ein paar Meter hin-

ter uns fuhren. Als die Beiden noch knapp 50 Meter vor sich hatten, verließ Heidi plötzlich – begleitet von einem spitzen Schrei – die Ideallinie und raste direkt auf uns zu. Was war passiert? Ihr war tatsächlich die komplette Bindung vom Ski abgebrochen und während der Ski selbst eine andere Richtung nahm, fuhr Heidi artistisch elegant auf einem Ski weiter und kam wie auch immer irgendwie in unserer Nähe zum stehen. Als wir sicher waren, dass ihr nichts Schlimmes passiert ist, gratulierten wir spontan und vergaben die höchsten Haltungsnoten. Seit diesem wirklich ganz großen „Kino" wird Heidi in Fachkreisen nur noch „Trick-Skihase" genannt.
Inzwischen ist das Glas halb leer, doch davon lassen wir uns nicht entmutigen, denn es ist natürlich noch halb voll. Alles hat ja immer zwei Seiten. Dazu fällt uns unweigerlich ein, dass es in Mailand zwei Flughäfen gibt, die ebenfalls an zwei Seiten – nämlich nordwestlich und nordöstlich – der Stadt liegen. Vor ein paar Jahren hatten wir Vier einen Kurztrip in die Modemetropole Italiens unternommen und waren mit dem Flugzeug im Nordosten nahe Bergamo gelandet. Über den Aufenthalt in Mailand gibt es nicht viel zu sagen, außer dass es drei Tage dunstig und nebelig war und wir viel Spaß mit den Sizilianern aus Palermo hatten, die wir bei deren Auswärtsspiel im Stadion „San Siro" unterstützten. Am Abreisetag hatten wir Glück, dass wir die letzten Plätze im Zubringerbus – dem „Airport-Shuttle" bekommen haben. Da es bei der Landung und auch bei der Abreise dunkel war, könnt ihr euch denken, was passiert ist. Richtig, wir sind im Nordwesten auf dem Flughafen Malpensa ausgestiegen. Ihr könnt euch sicher unsere entgleisten Gesichtsausdrücke vorstellen. Als der Puls wieder im aeroben Bereich war, nahmen wir zur Kenntnis, dass ein Transfer nach Bergamo nicht mehr möglich war. Der einzige Flug nach Düsseldorf am heutigen Tage ging mit der Al Italia und sollte 340 Euro kosten. Der Hinflug hatte uns zu-

sammen zwar nur 80 Euro gekostet, doch wir schöpften Hoffnung, bald nach Düsseldorf fliegen zu können. Als wir gerade die EC-Karte zücken wollten, meinte der freundliche Mitarbeiter lächelnd: „Each Flight". Prompt packten wir die Karte wieder ein, denn für 1360 Euro hätten wir ja wer weiß wohin fliegen können. Eine Rückfahrt per Zug schied ebenfalls aus, da dieser Trip mit dreimal umsteigen fast 24 Stunden dauern würde. Letzte Alternative: Mietwagen. Allerdings ist es gar nicht so einfach, einen Wagen zu mieten, den man in einem anderen Land wieder abgeben will. Nachdem wir nahezu alle Anbieter erfolglos abgeklappert hatten, war das Glück uns hold und wir bekamen ein in Deutschland zugelassenes Auto, das man hier wohl vergessen hatte. Eine Stunde später waren wir auf der Autobahn Richtung Norden. Die Sonne schien, die Alpen lagen vor uns und inzwischen lachten wir uns über unsere eigene Blödheit selber schlapp. Nach einer reibungslosen Fahrt durch die wunderschöne Schweiz und vorbei am Bodensee erreichten wir nach einem äußerst lustigen Tag in nur 12 Stunden das Ruhrgebiet. Ohne dieses besondere Rückfahrterlebnis wäre Mailand nur eine Städtetour von vielen gewesen. So aber bleibt uns allen für immer in Erinnerung, dass man manchmal auch eine Schweizer Autobahnvignette braucht, obwohl man einen „Billigflug" gebucht hat.
Das Glas ist leer, die 90 Minuten sind vorbei und kurz nach Ablauf der Nachspielzeit sehen wir zwei gut gelaunte Damen samt diverser Einkaufstüten auf uns zu kommen. Also ein ausgesprochen schöner Tag bisher für uns alle. Wir stehen auf, lassen die Würfelbrüder weiter zocken und wandern zum nahegelegenen Strand. Der Stadtstrand von Arrecife besteht aus hellem Sand, ein paar Palmen und zu meiner hellen Freude aus maximal 10 Personen, die sich auf Decken oder Handtüchern räkeln. Ins Wasser hat sich bisher keiner getraut, also mach ich doch mal den Anfang. In weiser Voraussicht hatte ich heute

Morgen schon die Badehose angezogen und heimlich Ersatzklamotten in den Rucksack gepackt. Ruckzuck habe ich mich ausgezogen und Sekundenbruchteile später stehe ich schon knöcheltief im Atlantik. Wobei dieser Ausdruck an dieser Stelle etwas übertrieben ist, da es sich hier um eine kleine geschützte Bucht handelt und man vom offenen Meer nicht viel sehen kann. Egal. Die Temperatur ist trotzdem ganz ordentlich. Ordentlich kalt meine ich natürlich. Aber auch das macht mir wenig aus und langsam aber sicher wage ich mich Stück für Stück weiter hinein, um irgendwann ganz mutig komplett einzutauchen. Nach den ersten Schrecksekunden macht das Schwimmen richtig Spaß und sorgt für reichlich Erfrischung. Vor allem habe ich ja total viel Platz und durchkreuze die Bucht einmal von links nach rechts und zurück. Damit soll es aber auch gut sein und zügig schwimme ich zurück an den Strand. Jetzt ist noch zügigeres Abtrocknen und Anziehen angesagt, denn anschließend geht's gleich rüber auf die andere Straßenseite in ein kleines nettes Lokal, das sich „Cervezeria" nennt, also „irgendwas mit Bier". Nach unserem Frühschoppen in Paco's Holzbude und meinem Erfrischungsausflug im Ozean entscheiden wir uns aber zunächst mal für einen heißen Kaffee. Später bestellen wir uns gemeinsam eine große Portion der leckeren kanarischen Kartoffeln, die mit den beiden Saucen serviert werden, von denen ich gestern auf La Palma bereits erzählt habe. Wirklich lecker, aber natürlich auch ganz schön scharf. Also muss doch noch das Spezialgetränk der „Cervezeria" her, um den Durst zu löschen. Inzwischen setzen hier die ersten Tendenzen zur „Siesta" ein und wir entscheiden uns, zurück auf das Schiff zu gehen. Heute wollen wir mal das Angebot an Bord ausprobieren oder einfach noch etwas relaxen. Da wir den Hafen von Lanzarote erst um 20 Uhr verlassen werden, bleibt dazu ja auch reichlich Zeit. An der nächsten Straßenecke erwischen wir wieder einen netten Taxifahrer, der uns schnell und preiswert wieder direkt zu unserem „Kutter“ bringt.

Leider ziehen jetzt immer mehr Wolken heran und es wird windiger. Für einen sonnigen Nachmittag am Oberdeck ist es zu ungemütlich. Wir trennen uns deshalb und jeder bestreitet sein Individualprogramm. Heidi bleibt in der Kabine, wo sie auf dem Balkon schön windgeschützt sitzen und lesen kann. Sportskanone Andy will in den Fitnessbereich und in die Sauna. Anja und ich wollen dagegen einfach so über das Schiff schlendern, da wir tagsüber noch nicht wirklich viel gesehen haben. Dem täglich erscheinenden Bordprogramm konnten wir bereits entnehmen, dass es jeden Tag ein sehr reichhaltiges Angebot gibt. Ich hatte schon von Kochkursen, Weinproben, Tanzkursen, Blumen-Workshops und vielen anderen Veranstaltungen gelesen. Mal sehen, was denn heute so abgeht.
Als erstes stehen wir in einer überdachten Ecke des Pooldecks vor der Tischtennisplatte. Hier soll gerade ein Turnier starten. Ganz kurz überlege ich, ob ich mich anmelden soll. Immerhin spiele ich seit über 30 Jahren im Tischtennisverein und hätte vielleicht ganz gute Siegchancen. Andererseits weiß ich, dass Vereinsspieler manchmal ziemlich alt aussehen, wenn sie nicht mit ihrem gewohnten Schläger und in einer Halle spielen. Über 10 Spieler sind bereits angemeldet und müssen sich zwei oder drei Schläger teilen. Die Vereinsspieler unter euch können sich vorstellen, wie solche Schläger aussehen, mit denen täglich in salzhaltiger Luft gespielt wird. Genau, der Belag ähnelt einem alten gebrauchten Spüllappen, der nur noch notdürftig am Holz befestigt ist. Ich habe zwar mal recht hoch gespielt (für Jörn und andere Insider: sogar auf dem Kahlen Asten☺), aber wenn ich hier gewinnen wollte, müsste ich mindestens drei Stunden am Turnier teilnehmen. In Anbetracht des zunehmenden Seitenwinds und der siegeshungrigen

Freaks, die hier wohl jeden Tag trainiert haben, lasse ich das Unterfangen besser sein. Im Nachhinein war das die richtige Entscheidung, denn das Turnier endete erst ganz knapp zum Abendessen.
Wir bummeln weiter nach innen und sehen uns die Fotos an, die hier seit unserer Ankunft von den Bordfotografen gemacht wurden. Inzwischen stehen hier mehrere riesige Fotowände und wir finden uns sogar selbst wieder. Unsere Fotos von der Ankunft sowie beim Verlassen des Schiffes bei den Landausflügen sind eigentlich ganz gut geworden. Bin gespannt, ob die wohl jemand kauft. Kleiner Scherz am Rande, allerdings sind natürlich alle Fotos zu erwerben, genau wie ein kompletter Film über diese Reise. Wir schlendern weiter und sehen eine gut gefüllte Bibliothek, in der man sich eine Menge mehr oder weniger schlaue Bücher ausleihen kann. Etwas weniger schlau muss man für die riesige Spielhalle sein, die kurze Zeit später unseren Weg kreuzt. Hier können Leute, die zu viel Geld haben, alles den Einarmigen Banditen oder ähnlichen „Groschengräbern" hinterher schmeißen. Nichts für uns. In den Restaurants wird inzwischen „Kaffee & Kuchen" angeboten. Es soll ja Leute geben, denen drei Mahlzeiten nicht ausreichen und ein, zwei oder drei Stückchen Kuchen gehen ja immer. Wir wollen uns zumindest einen Kaffee gönnen und ganz kurz dem „Markt-Restaurant" einen Besuch abstatten. Dort soll laut Zeitplan bereits geöffnet sein, doch die Tür ist noch geschlossen. Die Kaffee- und Kuchensüchtigen verlieren schon fast die „Contenance", als sich mit 7 Minuten Verspätung die Tür endlich öffnet. Neben mir drängeln zwei Damen älteren Semesters vorbei und rufen sich zu: „Schnell, schnell". Das ist ja wohl „Stress pur". Ich fasse es nicht und habe schon keine Lust mehr auf eine „schnelle" Tasse Kaffee. Anja und ich beschließen, dass wir erst noch weiter schlendern und später an einer der Bars einen „langsamen" und extra leckeren Cappuc-

cino trinken wollen. Wir wechseln zum Bug des Schiffes und gehen ein paar Treppen rauf, um dem „Body&Soul-Center", wie die „gemeine Turnhalle" heutzutage heißt, einen Besuch abzustatten. Die „Halle" ist allerdings echt beeindruckend. Stellt euch vor, ein modernes, voll verglastes Fitnesscenter in der 12. Etage. Das hat schon was. Unter mehreren schwitzenden Menschen auf Laufbändern entdecken wir auch Andy, der gerade seine Frühstücksbierchen abtrainiert. Wir stellen uns kurz zu ihm und er erzählt uns begeistert von der Sauna, die ebenfalls einen Blick auf das Meer bietet. In dieser schicken Anlage hier, begleitet von fetziger Musik, macht der Sport wirklich Spaß.
Unser nächster Weg führt uns zurück in die Mitte des Schiffes, dem eigentlichen Herzstück. Hier sind unter anderem die Rezeption und die Ausflugsschalter untergebracht sowie etwas höher das offene „Theatrium" sowie die unzähligen Bars und Restaurants, das Casino, die Galerien, eine „Vinothek" für die Weinfreunde und einige Bordshops. Wir überfliegen kurz das Angebot der Shops, wo es wirklich alles denk- und undenkbare zu erwerben gibt. Da unser Einkaufsbedarf allerdings gedeckt ist (obwohl ich ja noch gar nichts gekauft habe), gehen wir jetzt an die „Bella-Bar" und bestellen uns beide einen Cappuccino. Mit Blick auf die Bühne des Theatrium setzen wir uns auf eine gemütliche Ledercouch und sehen den Künstlern bei der Probe zu. Eine der Sängerinnen des AIDA-Ensembles probt für ihren Auftritt. Als sie die Proben beendet, haben wir auch den Kaffee auf und setzen unseren Rundgang fort. Wir entdecken einige große runde Liegeflächen, die wie eine Mischung aus Couch und Bett aussehen. Eine davon ist zum Glück frei und wir machen es uns gemütlich. Hier kann man lesen, Musik hören oder auf einem Monitor den aktuellen AIDA-Film über unsere Reise sehen, zumindest den bereits aufgenommen Teil. Oder man kann einfach nur herrlich entspan-

nen. Und dazu entscheiden wir uns auch. Eine ganz entspannte halbe Stunde lang bleiben wir dort liegen, bevor wir langsam zurück in unsere Kabine wandern, um uns noch langsamer auf das Abendessen vorzubereiten. Heute wollen wir pünktlich gehen, da wir das Ablegen des Schiffes um 20 Uhr gern vom Oberdeck aus verfolgen wollen.

Das Abendessen in der „Weiten Welt“ verläuft inzwischen routiniert und ohne besondere Vorkommnisse ab. Kellner „Hermann“ und seine Kumpel sind immer bestens um unser Wohl bemüht, der Koch und seine Belegschaft sind ohnehin unschlagbar gut und wie immer und überall gibt es Menschen, die trotzdem nicht zufrieden sind. Ist und bleibt mir ein Rätsel. Inzwischen hat man sich auch an ein paar Gesichter gewöhnt, obwohl wir ja keinen direkten Kontakt zu Anderen suchen. Heute nickt uns die fremdsprachgewandte „Irene“ freundlich zu und der „Ober-Hektiker“ Tom hastet mit seinem Fotoapparat durch den Saal und schießt sich ein paar Andenken. Alles ganz normal also. Pünktlich zu Enya's Tophit sind wir wieder auf dem Oberdeck, um uns von Lanzarote zu verabschieden. Heute steht uns nur eine sehr kurze Reise bevor, denn unser nächstes Ziel heißt „Fuerteventura“. Man kann im Süden sogar schon einige Lichter dieser Insel sehen. Also machen wir quasi einen „Katzensprung“ hinüber auf die Nachbarinsel. Bevor wir den Hafen von Arrecife verlassen, rufe ich noch schnell bei meinem alten Kumpel Uwe an, der zurzeit auf „Fuerte“ eine Woche Urlaub verbringt. Mit ihm haben wir uns für morgen früh verabredet und wir besprechen kurz ein paar letzte Dinge für das Treffen. Das Wetter ist dort genau so wie hier – welch Überraschung. Ansonsten geht's ihm gut, also alles Bestens.

Bei angenehmen Temperaturen gibt es auf dem Oberdeck heute „Livemusik“. Eine mehrköpfige „Kapelle“ hat sich für heute vorgenommen, den Touristen mal so richtig einzuheizen. Normalerweise haben solche „Kapellen“ immer so tolle Namen wie „Die Drei Lustigen Vier“ oder „Die Party-Löwen“ oder „Wolfgang und Anneliese“. Hier heißt die Truppe natürlich „AIDAbella-Showensemble“ und ist gar nicht mal so schlecht. Also, wenn man Schlager mag. Deutsche Schlager natürlich. Die „Open-Air-Schlagernacht“ bietet zum Einstieg so dufte Stücke (deren Namen ich hier nicht nennen will) von Bata Ilic, Jürgen Marcus, Andrea Berg und natürlich Rex Guildo. „Hossa“, denke ich so für mich. Das ist nüchtern nur ganz schwer zu ertragen, deshalb holen wir uns erstmal eine Runde irgendeines erheiternden Getränks. Meine drei Mitstreiter sind dem deutschen Schlagerliedgut allerdings gar nicht so abgeneigt wie ich und singen und feiern fröhlich mit. Da ich ja über Musikgeschmäcker nicht streiten will, mache ich einfach eine „Gute Miene“ zu diesem Spiel. Ich weiß ja auch, dass es hier ziemlich leer wäre, wenn jetzt eine Cover-Band von „AC/DC“ spielen würde. Der Geschmack der meisten Gäste wird hier auf jeden Fall getroffen, denn es ist ziemlich voll und alle haben gute Laune. So soll das auch sein. Als nächster Interpret sorgt der gute „Wolle Petry“ für Stimmung. Der ist für solche Tanz- und Singabende ja auch genau der Richtige. Leider spielt die Truppe nicht meinen favorisierten Song „Ruhrgebiet“, sondern irgendeinen anderen Hit aus dem unerschöpflichen Repertoire des Künstlers. Wie in der Bierstraße auf Mallorca feiern hier wichtige Geschäftsleute aus Köln-Porz, lustige Kegelschwestern aus dem Paderborner Land und die „Weight-Watchers-Ortsgruppe“ Castrop-Rauxel gemeinsam. Da kann sogar ich mitreden, denn genau diese Leute habe ich selbst dort gesehen, als ich mal mit meiner Hochleistungs-Sportkegelgruppe bei den „Offenen Balearischen Meisterschaften“ zu Gast war. Das war bis heute ein unvergessenes Erlebnis für mich.

Inzwischen sind wir auf „Hoher See“, also irgendwo mitten zwischen den beiden Inseln. Der Käpt’n lässt sich heute extrem viel Zeit und „segelt“ nur langsam vor sich hin. Nach einer Pause der Musikanten, in der die Musik von einem „Disko-Jockey“ gespielt wird sowie einer weiteren Runde von der Bar geht es weiter im Programm. Ich höre nicht mehr so ganz genau zu, welche altinternationalen Stars der „ZDF-Hitparade“ gespielt werden, doch irgendwann zucke ich zusammen. Es gibt ein Stück von Herrn Keiser. Nicht „Franz, die Lichtgestalt“ und auch nicht der freundliche Mann aus Hamburg-Mannheim. Nein, es ist tatsächlich der „Ronald“. Meine persönliche Höchststrafe. Ich dachte, den gibt’s gar nicht mehr und alle Lieder von ihm wären inzwischen verboten. Dann fällt mir ein, dass mein als ausgewiesener Schlagerexperte bekannter Arbeitskollege Alex den Herrn Keiser noch vor kurzem bei einer Baumarkteröffnung in Altenessen hat singen sehen. Ich weiß nicht mehr, welcher es war, aber vermutlich einer aus der Kategorie „Eisen-Karl“. Was soll ich jetzt tun? Ich hab noch keine Lust ins Bett zu gehen, aber bei dieser Schnulze bekomme ich Herzrasen, nervöse Zuckungen, Plaque und was man sonst noch alles für schlimme Sachen bekommen kann. Ich überlege kurzfristig, ob ich nicht einen Stromausfall provozieren soll. Schließlich war mein Vater Jahrzehnte lang ein Stromexperte bei meinen Heimat-Stadtwerken, also kenne ich mich aus. Doch bevor ich mich an der Anlage zu schaffen machen kann, ist der Spuk schon beendet. Zu meinem Glück übernimmt der Bordmoderator das Mikrofon und die Tanzkappelle macht „Feierabend“. Das Schiff bewegt sich kaum noch und der Hafen von „Puerto del Rosario“ liegt bereits in Rufweite. Es ist ungefähr halb zwölf und so wie es aussieht, warten wir den Mitternachts-Gongschlag ab, da wir erst am nächsten Tag anlegen dürfen. Also geht die Party an Deck noch mindestens ein halbes

Stündchen weiter. Während wir also auf die Genehmigung zum Anlegen warten, legt der DJ den Sommerhit des Jahres auf. Das gute alte „Sweet Home Alabama“ in der neuen Version von „Kid Rock“ mit dem Titel „All Summer long“. In diesem Stil geht es locker und flockig weiter und wir feiern bestens gelaunt bei milden Temperaturen, bis der Käpt’n und seine Leute ganz langsam in den Hafen segeln. Nur ein paar Minuten nach Mitternacht parken wir ganz knapp vor der ARMAS ein. Dazu sage ich heute wirklich nichts mehr, obwohl Andy und ich innerlich schon einen geheimen Plan schmieden, in dem diese Flotte eine große Rolle spielt.
Damit wollen wir Vier es für heute auch gut sein lassen, denn morgen ist wieder frühes Aufstehen und eine längere Autofahrt angesagt. Also geht’s ab in die Kajüten. Eine ruhige Nacht ohne Motorengeräusche steht uns bevor.

Junge, komm' bald wieder, bald wieder nach Haus'!
Junge, fahr' nie wieder, nie wieder hinaus!
Ich mach' mir Sorgen, Sorgen um dich.
Denk' auch an morgen, denk' auch an mich!

Junge, komm' bald wieder, bald wieder nach Haus'!
Junge, fahr' nie wieder, nie wieder hinaus!

Fuerteventura

Sobald es draußen hell wird, springe ich aus dem Bett und sprinte auf den Balkon. Soweit man einen Weg von knapp 2 Metern überhaupt sprinten kann. Als ich die Tür öffne, weht mir gleich eine frische Brise um die Nase. Mist, genau das wollten wir heute gar nicht haben. Ich hatte gehofft, dass ich auf dieser Insel einen der berühmten langen Sandstrände sehen würde und mich ordentlich in den Wellen austoben könnte. Der Himmel ist grau und der Wind weht reichlich. Mal abwarten, was uns dieser Tag bringen wird. Wir gehen jetzt erst mal frühstücken und in der Zwischenzeit bekommt ihr ein paar Informationen über unser heutiges Reiseziel. Irgendwie muss sich das Lesen ja auch für alle lohnen.

Fuerteventura (spanisch: großes Glück) ist eine der Kanarischen Inseln im Atlantischen Ozean, rund 120 Kilometer westlich der marokkanischen Küste. Mit einer Fläche von 1.659,74 Quadratkilometern hat die Insel einen Anteil von 22,15 Prozent an der gesamten Landfläche der Kanaren. Damit ist sie nach Teneriffa die zweitgrößte Insel des Archipels. Fuerteventura hat 94.386 Einwohner (Stand 1. Januar 2007). Die Hauptstadt ist „Puerto del Rosario", wo sich auch der Inselflughafen befindet. Die Landessprache ist Spanisch. Die Kanaren gehören zum Hoheitsgebiet Spaniens, genießen aber einen Sonderstatus als Autonome Gemeinschaft mit eigenem Parlament und Präsidenten (*Paulino Rivero Baute*, seit Juli 2007). Fuerteventura gehört mit Lanzarote und Gran Canaria zur spanischen Provinz „Las Palmas“.

Während wir beim Frühstück sitzen, ziehen draußen weiterhin dunkle Wolken vorbei. Dabei hatte ich doch bei der Reisevorbereitung nur tolle Sachen über das Wetter auf dieser Insel gehört. Hier mal ein Originalton von begeisterten Pauschaltouristen: „Wenn bei uns (in Deutschland) das Wetter grau und regnerisch ist oder bereits der Winter Einzug gehalten hat, kann man auf der Insel „Fuerteventura" die Sonne buchen. Fuerteventura ist ein Paradies für Sonnenanbeter, Wassersportler und vor allem für Windsurfer. Durch ihre Nähe zum Afrikanischen Kontinent bietet diese Insel ca. 300 Sonnentage im Jahr mit einem ausgeglichenen Klima."

Na toll, graues und regnerisches Wetter haben wir auch hier. Dummerweise ist heute einer der 65 Tage ohne Sonne. Aber was soll's? Wir lassen uns die Laune nicht verderben und schauen den hektischen Menschen zu, die sich für die verschiedenen Land-Ausflüge fertig machen. Dazu gibt es später wieder mehr. Hier kommen noch ein paar weitere Infos über die ganz besondere Faszination dieser Insel. „Kleine verstreute Dörfer, grandiose Bergzüge und einsame Landschaften". Die scheinbar endlosen goldgelben Sandstrände sind das Markenzeichen Fuerteventuras. Ob in den meterhohen Dünen von „Corralejo" im Norden der Insel oder an den kilometerlangen Sandstränden im Süden, hier findet jeder sein Urlaubsparadies. Fuerteventura ist ohne Zweifel die wildeste und unberührteste Insel der Kanaren. Die „Insel der Stille" spaltet die Gemüter. Es heißt „nach Fuerteventura kommt man einmal und nie wieder oder immer wieder..." Wir lassen uns überraschen.
Pünktlich um 9 Uhr verlassen wir unser schwimmendes Hotel und marschieren durch das Hafengelände von „Puerto del Rosario". Direkt vor dem Hafen wartet bereits mein „alter" Kumpel Uwe. Mit „alt" meine ich in diesem Fall „langjährig", denn wir kennen uns seit unserem 10. Lebensjahr und haben unzählige Reisen zusammen unternommen. Auf diversen Campingplätzen in Griechenland, auf Korsika und insbeson-

dere immer wieder in La Napoule an der französischen Mittelmeerküste haben wir schon so manches Abenteuer erlebt und manche Flasche zusammen geleert. Seit einigen Jahren zählt allerdings auch Fuerteventura zu Uwes Lieblingszielen und er hat auch keine Probleme damit, allein zu verreisen. Heute übernimmt er freundlicherweise unsere persönliche Reiseleitung. Er hatte bereits gestern einen Mietwagen organisiert, in den wir uns jetzt mit fünf Personen hinein quetschen. Ziemlich eng, aber gemütlich. Wenn das Wetter besser wäre, hätten wir direkt den nächst besten Sandstrand angesteuert, doch bei dieser Witterung nehmen wir eine längere Autofahrt in Kauf und fahren ein ganzes Stück in den Süden. Wir verlassen die Inselhauptstadt, passieren den Flughafen und biegen ab auf eine gut ausgebaute Schnellstraße. Während der knapp einstündigen Fahrt sehen wir links und rechts eigentlich nichts als eine karge Landschaft. So ungefähr stelle ich es mir auf dem Mond vor. Hinter uns im Norden ist der Himmel inzwischen ziemlich dunkel. In Blickrichtung Süden allerdings geht im wahrsten Sinne des Wortes die Sonne auf. Es wird tatsächlich etwas heller. Als wir den Ferienort „Costa Calma" passieren, gibt es erste hellblaue Stellen am Himmel. Und zu unserem Glück reißt dieser tatsächlich auf, als wir unser heutiges Ziel, die Region um „Jandia", erreichen.
Uwe parkt den Wagen strategisch günstig mitten im Zentrum und bei angenehmen Temperaturen machen wir einen ersten Erkundungsmarsch. Es ist immer noch etwas windig, aber mit Sonnenschein hatten wir heute kaum gerechnet. Entsprechend gut gelaunt überqueren wir die Straße und erreichen einen mit Holzbohlen ausgelegten Weg zum breiten Strand. Vor uns steht ein großer Leuchtturm, der nicht zu übersehen ist. An dieser Stelle vergrößern wir unsere Ausflugstruppe noch einmal. Andy, Heidi und ich haben uns hier mit unserem Arbeitskollegen Frank verabredet, der ebenfalls in dieser Woche allein

auf Fuerteventura relaxt und sich über ein paar Stunden Abwechslung freut. Und da kommt er uns auch schon entgegen. Super, dass die Jungs heute alle so pünktlich sind. Unser gemeinsames Programm besteht heute nur aus einem Punkt und zwar „Stranderholung“. Nach einer kurzen Begrüßung wandern wir nun zu sechst weiter, und zwar barfuß durch den Sand in Richtung Süden. Einfach herrlich, wieder mal direkt am Wasser entlang zu marschieren. Von den Leuten die uns entgegen kommen, erkenne ich einige Gesichter von Bord wieder. Denn diese Region stand unter anderem auf der Liste der heutigen Ausflugsziele und ein paar Leute erkennen auch uns und nicken uns freundlich zu. Man kennt sich halt unter Kreuzfahrern.

Wir wandern eine ganze Zeit lang weiter und erreichen irgendwann das Ende der breiten Bucht und einen kleinen Ort namens „Morro Jable“. Dieser Ort war ursprünglich ein einsames Fischerdorf hier im Süden von Fuerteventura. In den 70er Jahren wurde eine in den Ort führende Straße gebaut, was damit den Startpunkt des dortigen Tourismus markierte. „Morro Jable“ hat sich in den letzten Jahrzehnten weit ausgedehnt, es ist ein typischer Touristenort geworden, verrät der Kanarische Reiseführer und er hat recht. Vor allem ein Ort für deutsche Touristen. An der Promenade wimmelt es bereits von unseren Landsleuten, die sämtliche Bars und Cafés und Restaurants in Beschlag genommen haben.
Unsere kleine Reisegruppe zieht es dagegen vor, am Strand zu bleiben. Wir suchen uns ein windgeschütztes Plätzchen (nicht von Bahlsen oder de Beukelaer, sondern zum Hinsetzen) am Strand. Da die Temperaturen leider nicht sehr sommerlich sind, trauen sich die meisten Leute wohl nicht, an den Strand zu gehen. Das hat für uns den großen Vorteil, ganz viel Platz zu haben. Noch viel mehr Platz hat man heute auch im Was-

ser. Bisher ist nämlich niemand drin. Ein paar ganz verwegene Gestalten trauen sich mit den Füßen zaghaft hinein. Zeit also für einen mannhaften Auftritt der stahlharten Jungs aus dem Ruhrpott. Als die Wolkenlücken größer werden und sich eine mehrminütige Sonnenphase ankündigt, ist es soweit. Uwe, Andy und ich machen uns startklar und Nanosekunden später steigt die Anzahl der Ozeanschwimmer von Null auf Drei. Nach anfänglicher leichter Schnappatmung werden wir zusehends lockerer und toben durch die Wellen. Bei diesem klaren Wasser und dem hellen Sandboden macht das auch richtig Spaß. Für die Dauer eines gut gezapften deutschen Bieres bleiben wir im Atlantik, um anschließend reichlich Durst auf eben dieses zu bekommen. Am äußersten Rand der Bucht erkennen wir eine Dusche, zu der wir uns schnell auf den Weg machen. Für den Rückweg nehmen wir den Weg über die Promenade, also direkt vor den dort sitzenden Touristen entlang. So richtig schön angeberisch, aber völlig egal. Vor lauter Endorphinen im Körper sind wir dermaßen gut drauf und schütteln noch mal extra unsere nassen Haare direkt vor den Tischen aus, damit auch jeder weiß, wie warm das Wasser so ungefähr ist. Dann wird es höchste Zeit, dass wir in trockene und warme Klamotten kommen.
Wer jetzt aber glaubt, dass wir uns nun gemütlich zu den Anderen an den Strand legen würden, sieht sich getäuscht. Wo wir gerade so schön in Wallung sind, machen wir uns zu dritt auf den Weg in den nächst besten Supermarkt, um ein paar Köstlichkeiten zu organisieren. Dabei kommen wir an vielen gut gefüllten Lokalen vorbei, die sich auf den deutschen Pauschaltouristen spezialisiert haben. Die haben natürlich original spanische Namen wie „Gottfried‘s Schnitzelbude“, „Mia‘s Kuchentheke“ oder einfach nur „bei Manni“. Ich bin begeistert, denn hier lernt man doch die einheimische Küche in Reinkultur kennen. Aber ich will ja nicht spotten. Im Urlaub

muss wirklich jeder selbst wissen, wie er diese kostbare Zeit am liebsten verbringt. Ich lasse mir unsere Bootstour ja auch nicht schlecht reden, obwohl ich vor ein paar Jahren noch nicht im Traum daran gedacht hätte, so eine Reise zu machen.

Nach einem kurzen Fußmarsch erreichen wir einen modernen und gut sortierten Supermarkt. Hier gibt es alles, was wir für ein gutes Picknick am Strand brauchen. Wir packen Brot, Käse, Schinken und Kekse ein, dazu Mineralwasser und ein paar Flaschen Bier. Dann wollen wir so schnell wie möglich zurück zum Strand, doch wir haben die Rechnung ohne die junge Kassiererin gemacht. Mit kanarischer Gelassenheit schaut sie sich jeden Artikel genau an und lässt sich ausreichend Zeit beim Kassieren und Herausgeben des Wechselgeldes. In der Ruhe liegt die Kraft. Das sagt mein Schwippschwager aus Essen-Frintrop nahezu täglich. Irgendein noch schlauerer Mensch sicherlich auch. Also, diese junge Frau ist wirklich zu beneiden. Keine Spur von Hektik, da sollten sich einige Leute mal ein Beispiel dran nehmen. Gefühlte 2 Stunden später stehen wir endlich wieder auf der Straße. Nach dem anstrengenden Bad im salzigen Wasser überkommt uns ein akuter Durstanfall und die ersten Flaschen trinken wir direkt vor dem Eingang des Supermarkts. Wie der kleine Michael, der die riesigen Storks von Frau Lange gekauft und das erste immer sofort im Laden verdrückt hat. Kennt ja jeder.
Sehnsüchtig werden wir von Anja, Heidi und Frank am Strand erwartet und zusammen lassen wir uns die Leckereien schmecken. Der „arme" Uwe als heutiger Fahrer muss dabei neidisch zusehen, wie wir den spanischen Gerstensaft genießen, während er sich mit Wasser und Cola amüsieren muss. Aber spätestens heute Abend kann er ja alles nachholen. Leider rennt die Zeit irgendwie und so ganz allmählich machen wir uns wieder auf den Weg. Frank hat uns die Bar am Leucht-

turm empfohlen und dort wollen wir zusammen noch eine Abschiedsrunde nehmen. Bevor wir aber am Strand entlang gehen, bleiben wir die ersten paar hundert Meter auf der Promenade. Direkt vor einer steilen Wand stehen ganz viele Leute und blicken nach oben. Zu sehen ist auf den ersten Blick nichts und ich vermute schon eine versteckte Kamera. Bei genauem Hinsehen erkennt man allerdings an dieser steinigen Wand mehrere Streifenhörnchen. Die kleinen Tierchen klettern gekonnt rauf und runter und warten darauf, mit irgendetwas gefüttert zu werden. Ein lustiges Schauspiel, insbesondere natürlich für die kleineren Kinder.

Als wir nach dem Spaziergang am Strand die Bar am Leuchtturm erreichen, scheint immer noch die Sonne. Zum Glück können wir auch hier windgeschützt sitzen und bei angenehmen Temperaturen quatschen wir bei frisch gezapften Bier über Gott und die Welt, vor allem über Fußball. Das ist und bleibt halt eines der Hauptthemen bei uns im Ruhrgebiet. Frank's Herz schlägt für den MSV, Andy hält zum VFL und Uwe ist seit frühester Kindheit Fan desselben Vereins wie ich und sitzt in der nach einer Sauerländer Brauerei benannten Arena immer neben mir. In einem Punkt sind wir vier Jungs uns heute einig. Blau und Weiß sind unsere Farben. Genau wie der Himmel über uns. Und alle anderen Farben passen ja auch gar nicht zum Fußball. Rot ist – wenn überhaupt – die Liebe, gelb ist die Post, schwarz ist der Schiri und orange trägt nur die Müllabfuhr. Keine weiteren Fragen.

Die beiden Damen halten derweil die Nasen in die Sonne und lassen es sich ebenfalls gut gehen. Irgendwann ist dann die Stunde des Aufbruchs gekommen. Wir machen uns auf den Weg zum Parkplatz, wo wir uns von Frank verabschieden, den wir in ein paar Tagen in der Firma wieder sehen werden. Uns steht jetzt wieder die Rückfahrt nach „Puerto del Rosario“ bevor, die zwar etwas länger als eine Stunde dauert, aber störungsfrei verläuft. Wenige Meter vom Hafen entfernt parkt Uwe den Wagen und wir verabschieden uns, nachdem wir uns ganz besonders für diesen Fahrservice heute bedankt haben. Übrigens ist es hier wieder oder wahrscheinlich immer noch total bewölkt, als wir uns auf den letzten paar Metern Fußweg zum Hafen bewegen. Dabei treffen wir auf eine Menge Leute, die von den diversen Ausflügen zurück kommen. Heute waren wieder zwei Insel-Rundfahrten (die große Rundfahrt dauerte achteinhalb Stunden!), Jeep- und Quad-Rundfahrten, eine Safari, eine Shoppingtour sowie erneut eine Vielzahl an Ausflügen für Tauch- und Golfsportler im Angebot. Am meisten Respekt habe ich vor den Fahrradfahrern, die bei diesem ständigen Wind sicherlich gut zu kämpfen hatten. Und außer denjenigen, die den Badeausflug nach Jandia gebucht hatten, haben alle einen „nassen Hintern" bekommen. Denn wie ich den Gesprächen entnehme, hat es in der Inselmitte und vor allem im Norden nur geregnet. Da haben wir – genau wie vorgestern auf La Palma – wieder richtig Glück gehabt, dass wir die Sonne auf unserer Seite hatten. Eigentlich ist es zurzeit auf den Kanaren viel zu kalt und unbeständig. Die Temperaturen sind sonst zu dieser Jahreszeit meistens höher und vielen Leuten kann man inzwischen die schlechte Laune ansehen. Uns mit Sicherheit nicht, denn wir haben mit unseren Touren bisher alles richtig gemacht und sind rundum zufrieden.

Wir springen schnell unter die Dusche und treffen uns zeitig zum Abendessen. Mit der heute wieder mal gesehenen „kanarischen Gelassenheit" genießen wir all die leckeren Sachen, die der Koch heute im Angebot hat. Beim Verlassen des Hafens bleiben wir diesmal im Restaurant. So ganz allmählich merken wir alle, dass uns der Wind heute den ganzen Tag doch etwas zugesetzt hat. Dazu kam die lange Autofahrt, die bei fünf Personen in einem Kleinwagen auch ganz schön anstrengend ist.

Also wird das heute Abend wohl nur eine kurze Party für uns. Sobald das Schiff den Hafen verlassen hat, setzt sofort der Wellengang ein, denn hier draußen ist der Wind noch heftiger. Das kann ja eine heitere Nacht werden.
Nach dem Essen schlendern wir etwas ziellos zur Mitte des Schiffes, die ja bekanntlich die „Zentrale der Kommunikation" ist. Hier erwartet uns ein für Schiffsreisen völlig untypisches Angebot. Unter dem Motto „Alpenglühen" wird uns der heimische Winter in Erinnerung gerufen. Dazu wurde tatsächlich eine kleine Alpenlandschaft geschaffen und mehrere „Hüttenwirte" bieten Weißbier in großen Krügen und Brezeln an. Dazu tragen alle Männer Lederhosen und die Kellnerinnen haben fesche Dirndl an.
Das ist zwar eine witzige Idee, doch irgendwie können wir uns nicht mehr motivieren, hier und heute mit zu feiern. Und wenn uns schon das Bier nicht mehr schmeckt, dann ist es besser, ins Bett zu gehen. Und genau das machen wir dann auch. Nach den ganzen Partytagen und den Ausflügen sind wir jetzt mal ganz vernünftig und strecken zeitig die Segel, um morgen fit für unser letztes Reiseziel zu sein. Denn während wir bei starkem Wind und rauer See die Beine lang machen, „segelt" unser Käpt'n zielsicher durch die Nacht der Insel Teneriffa entgegen.

What shall we do with the drunken sailor
what shall we do with the drunken sailor
what shall we do with the drunken sailor
early in the morning

Hooray and up she rises
Hooray and up she rises
Hooray and up she rises
early in the morning

Teneriffa

Freitag, morgens um 8 Uhr. Das Wochenende steht vor der Tür. Allerdings nicht vor unserer. Denn wir sind immer noch im Urlaub und liegen vor Teneriffa, zum Glück ohne die Pest an Bord. Der Käpt'n und seine Mannschaft haben uns souverän nach „Santa Cruz de Tenerife“ geschippert und irgendwann in aller Frühe im Hafen eingeparkt. Beim üblichen Kontrollgang auf den Balkon erwartet mich ein Blick auf die Hauptstadt unter einem wunderschönen blauen Himmel. Der Hafen bietet kaum noch freie Parkplätze, denn um uns herum liegen die MSC Poesia, die MS Coral und die TUI Thomson, die schon in Funchal neben uns lag. Und natürlich – ich trau es mich kaum zu sagen – die ARMAS, unser „Schatten“ seit sechs Tagen. Da heute unser letzter wirklicher Urlaubstag ist, wollen wir diesen besonders entspannt genießen. Wir beginnen mit einem ausgiebigen Frühstück im Marktrestaurant und versorgen uns mit letzten Informationen über diese Insel.

Mit rund 2040 Quadratkilometern bei einer Länge von knapp über 80 km und einer Breite von ca. 50 km ist Teneriffa die größte Insel der Kanaren. Hier leben über 850.000 Menschen, davon allein knapp 350.000 in der Hauptstadt Santa Cruz. Die Insel Teneriffa entstand vor etwa fünf Millionen Jahren durch vulkanische Aktivität. Die geologisch ältesten Teile der Insel sind das „Anaga-Gebirge“ im äußersten Nordosten, das „Teno-Gebirge“ im Nordwesten sowie kleine Gebiete (Bandas del Sur) im äußersten Süden. Jünger ist das Vulkanmassiv im Zentrum der Insel, das in der Mitte von der 12 x 17 km weiten Las Cañadas-Caldera eingenommen wird. Aus ihr erhebt sich wiederum der höchste Berg Spaniens, der 3.718 Meter hohe „Pico del Teide“, den wir ja schon am Dienstag von La Palma aus sehen konnten. Nimmt man diese Gebirgszonen zusammen, ergibt sich geographisch gesehen ein „Y“. Dass die Insel geologisch noch sehr aktiv ist, zeigen die nachgewiesenen Vulkanausbrüche zwischen dem Teidemassiv und dem Tenogebirge in den Jahren 1706, 1798 und 1909. Da wollen wir mal hoffen, dass die Vulkane nicht gerade heute Lust haben, auszubrechen.

Das Klima ist auf dieser Insel meistens sehr ausgeglichen und genau wie auf Fuerteventura gibt es hier mehr als 300 Sonnentage im Jahr. Soviel ich weiß, ist hier auch der Ort schlechthin zum Überwintern für Deutschlands Rentner. Zum Glück haben wir einen der Sonnentage heute erwischt. Als wir das Schiff verlassen, werden wir vom Bordfotografen bei herrlichem Sonnenschein geknipst und marschieren gut gelaunt durch das Hafengelände. Allerdings herrscht hier erhöhtes Verkehrsaufkommen, denn nahezu alle Passagiere der vier Kreuzfahrtschiffe gehen gleichzeitig von Bord. Zumindest habe ich gerade diesen Eindruck und es ist ja auch kein Wunder bei dem tollen Wetter. Wir haben uns nichts Besonderes vorgenommen und schlendern zunächst mal planlos mit der Masse mit. Das Zentrum von Santa Cruz beginnt quasi auf der anderen Straßenseite. Als wir die überquert haben, stehen wir schon in der Fußgängerzone und starten mit einem lockeren Schaufensterbummel. Und genau wie vor ein paar Tagen in Funchal bietet sich auch hier ein bizarres Bild. Weihnachtsbeleuchtung bei sommerlichen Temperaturen. Nur wird das Ganze hier noch gekrönt von mehreren Kindergruppen, die Hand in Hand in langen Reihen durch die Gassen laufen und dabei Weihnachtslieder singen. Einige sehen aus wie kleine Rentiere. Also nicht die Kinder selbst, sondern deren Verkleidung. Mehr als einmal hört man insbesondere die älteren Damen rufen: „Ach Gottchen, sind die süß!“ Natürlich. „Feliz

Navidad" kann ich da nur sagen. „Ihr seid auch süß" denke ich, denn ohne die „älteren Herrschaften" wäre die Reise nur halb so lustig gewesen. Ich kann leider nicht alle „Highlights" aufzählen. Vieles war einfach sogenannte „Situationskomik", das muss man selbst erlebt haben. Aber Jeder, der solch eine Reise schon gemacht hat, wird wissen, wovon ich rede.

Wir biegen ab auf einen Marktplatz, wo es bekanntermaßen meistens besonders interessant ist. Das Angebot an frischem Obst, Gemüse, Gewürzen sowie einer Riesenauswahl an Fisch fasziniert mich in Südeuropa immer wieder. Den Markthändlern könnte ich stundenlang zuhören und zusehen. Wir gönnen uns am Rande der Marktstände einen kleinen Kaffee und sitzen dabei in der Sonne. Jetzt, da sich unsere Tour dem Ende entgegen neigt, steigen die Temperauren wieder an. Wir entscheiden uns deshalb dafür, keine weitere Zeit in Lokalen und Geschäften zu verbringen und auch den kulturellen Teil dieser Reise zu beenden. Gute zwei Stunden sollen heute mal an Land reichen, obwohl diese Insel sicherlich sehr viel Interessantes zu bieten hat. Über die Ausflugsmöglichkeiten werde ich später noch berichten. Ohne Hektik bummeln wir langsam aber sicher zurück zum Hafen und sind gegen 12 Uhr wieder an Bord. Bis zur letzten Abfahrt heute Abend sind es jetzt noch knappe sechs Stunden. Die wollen wir nun mehr oder weniger „entspannt" verbringen. Als erstes bietet sich das Mittagessen an. An keinem Tag waren wir mittags an Bord, also wollen wir mal sehen, ob der Koch auch um diese Uhrzeit schon gut in Form ist. Das Schönste dabei ist, dass wir draußen essen können. Wir finden einen Tisch mit Blick auf die Insel und sitzen wieder schön in der Sonne. Und die Kochprofis waren tatsächlich gut drauf. Es gibt zwar nicht so eine Riesenauswahl wie abends (das wäre ja auch noch schöner), aber zum mehrfachen satt essen würde es immer noch rei-

chen. Und lecker ist es selbstverständlich auch. Nach dem Essen machen wir es den Einheimischen, die hier auf der Insel übrigens nicht „Teneriffen“ heißen, sondern „Tinerfeños“, gleich und entschließen uns zu einer besonders ausgiebigen „Siesta“. Und zwar auf dem Oberdeck.
Heute ist es glücklicherweise nicht so voll und wir finden vier Sonnenliegen, die ihrem Namen gerecht werden und in der Sonne liegen. Kurze Zeit später liegen wir dort ebenfalls. Jetzt bietet sich mal die Gelegenheit, ein Buch zu lesen oder seine Aufzeichnungen zu sortieren, wenn man vielleicht mal ein Buch schreiben möchte. Oder man tut einfach mal nichts. Nur liegen. Oder schlafen. Zumindest am Anfang ist es noch sehr ruhig, doch irgendwann startet das unvermeidliche „Nachmittags–Bord -Unterhaltungs-Programm“. Poolradio mit dem Clubteam, Sportprogramm mit Tischtennis, Volleyball und sogar ein Tanzkurs. Alles ist möglich. Wir bleiben allerdings konsequent beim Erholungsprogramm auf den Sonnenliegen. Als mich irgendwann dann doch der Drang zur Bewegung überkommt, halte ich mal einen Fuß in den Pool. Vor ein paar Tagen hatte ich mitbekommen, wie sich ein Gast beschwert hat, dass der Pool nicht tief genug sei und man kaum darin schwimmen kann. Vom Poolfachmann wurde ihm dann erläutert, welche Auswirkung ein Pool in dieser Höhe des Schiffes auf das Gleichgewicht desselben hat. Da werden nämlich ganz schön große Wassermassen bewegt und bei einer deutlich größeren Pooltiefe könnte das ganze Schiff umkippen. So ungefähr habe ich das als Laie, der im Physikunterricht bei „Hanno F.“ nicht immer aufgepasst hat, verstanden. Ich gehe also nicht in den „Schwimming-Pool“, sondern in den „Whirlpool“. Davon gibt es zwei Stück und einer davon ist gerade völlig leer. Für mich also eine willkommene Gelegenheit, mein privates Erholungsprogramm fortzusetzen. So langsam neigt sich unsere Reise ja schon dem Ende zu und ich genieße die

letzten Sonnenstrahlen, während ich im warmen Sprudelwasser sitze und der Musik des Poolradios lausche. Über den Hügeln und Bergen von Teneriffa sind inzwischen ziemlich viele Wolken aufgezogen, doch bevor ich mir Gedanken über das Wetter machen kann, sehe ich Tom, der sich gerade an die Poolbar setzt. Reflexartig bekomme ich auch Durst und obwohl für 80 Prozent der Gäste gerade die Zeit für Kaffee und Kuchen beginnt, entscheide ich mich wie die restlichen feierfreudigen Leute für ein Kaltgetränk. Ich trockne mich schnell ab, ziehe trockene Klamotten an und schlendere ebenfalls zur Bar. Da meine drei Begleiter mit geschlossenen Augen auf der Sonnenliege von schönen Dingen träumen, kann ich ruhigen Gewissens mit meinem Soloprogramm weitermachen. Neben Tom ist noch ein Barhocker frei. Höflich wie ich bin frage ich ihn, ob ich mich setzen darf, was er eifrig bejaht. Obwohl ich inzwischen schon zum dritten Mal in dieser Woche mit ihm rede, erkennt er mich nicht. Für ihn beginnt scheinbar jeder Tag wieder bei null. Und „täglich grüßt das Murmeltier" denke ich, während Tom mir erzählt, dass er jetzt mal auf härtere Sachen als Bier umgestiegen ist. „Aha" sage ich und bin sicher, dass er schon vor Beginn der Reise auf härtere Sachen umgestiegen ist. Er redet unaufhörlich, mal mit mir und mal mit seiner Sitznachbarin auf der anderen Seite. Ich erfahre, dass seine „Olga" auf der Liege liegt und sich von der unruhigen Nacht erholt. „Die kann ja die Wellen nicht so gut ab" sagt er. Dagegen kann es bei ihm nicht „wellig" genug sein, denn er war ja vier Jahre bei der Marine. Als er mich dann allerdings fragt, ob die Frau zu seiner rechten Seite wohl meine Frau wäre, entscheide ich mich zu einem schnellen Abflug. Diese Art der Konversation ist mir einfach zu anstrengend. Vielleicht werde ich doch langsam alt?
Apropos „alt". Als ich gerade meinen Barhocker verlasse, werde ich beinahe von den beiden älteren Damen umgerannt,

die wieder einmal „schnell schnell“ vom Kuchenbuffet gehastet kommen. Wie würde der gute „alte“ Udo J. sagen? „Mit 66 Jahren, da fängt das Leben aber bitte mit Sahne erst an“. Und genau in dieser Sekunde fasse ich den festen vorsätzlichen Entschluss, dass ich in 20 Jahren auch so sein will. Ich bleibe im Winter wochenlang im warmen Süden, bin permanent auf Kreuzfahrt und gehe mindestens zweimal am Tag zum Bäcker und in den Supermarkt. Aber immer dann, wenn die Berufstätigen gerade Mittagspause oder Feierabend haben. Die freuen sich immer ganz besonders, wenn man schön langsam die Sachen auf das Laufband legt und noch langsamer wieder einpackt. Ich werde dann ausgiebig mit den jungen Kassiererinnen flirten und mein ganzes Kleingeld auskippen, um dabei festzustellen, dass ich ja immer noch nicht mit dem Euro (der dann vermutlich schon „Globo“ heißen wird) klar komme. Herrliche Aussichten. Leider reißt mich ein auffrischender Wind aus diesen Träumen. Die Wolken haben sich vor die Sonne geschoben und es wird Zeit, den Badetag an dieser Stelle zu beenden.

Auf dem Weg in unsere Kabinen schlendern wir auch heute am Theatrium vorbei. Auf der Bühne proben wieder ein paar junge Künstler für ihren Auftritt am Abend. Neben einigen Zuschauern entdecken wir auch den Kapitän, der ebenfalls interessiert den Sangeskünsten der „Chorknaben“ lauscht. Kurzfristig überlege ich, ob eigentlich die berühmten „Fischer-Chöre“ auch auf einem Schiff entdeckt wurden. Vielleicht bei „Gotthilf sucht den Super-Chor“. Na ja, wohl eher nicht. Wir grüßen den Käpt'n, der seinerseits freundlich zurück winkt. Ich weiß ja nicht, ob alle AIDA-Kapitäne so sind wie „unser Käpt'n Blaubär“, doch ohne ihn und seine immer wieder erheiternden Ansagen wäre die Reise nur halb so lustig gewesen. Er beendet jede Ansage mit einem kurzen und knappen „Käpt'n Out!“ und dieser Spruch ist bei vielen Passagieren hängen geblieben. Jedenfalls haben wir den Satz in dieser Woche schon mehrmals von einigen Leuten gehört.

Zurück in der Kabine gibt es eine gerechte Arbeitsteilung. Die Männer packen schon mal die Koffer und die Frauen lassen auf dem Balkon die Reise noch mal „Paroli“ ziehen (das ist kein Schreibfahler, sondern ein Originalzitat des berühmten Nationalspielers und Kopfballungeheuers Horst H. aus H., der vermutlich „Revue passieren“ meinte. Ist aber nur eine Vermutung). Aus organisationstechnischen Gründen, die nur Frauen verstehen, müssen die Rollen getauscht werden. Angeblich können Andy und ich gar nicht Koffer packen und schweren Herzens treffen wir uns zu einer kühlen Flasche auf dem Balkon. Im Hafen treffen gerade mehrere Busse ein. Die Ausflügler kehren zurück. Auch heute waren wieder einige spannende Angebote dabei. Eines der Hauptziele war der Nationalpark „Cañadas del Teide“, in dem man wandern und herrliche Aussichten genießen kann. Dann gab es Fahrten ins „Anaga-Gebirge“ und in die Tiergehege im „Loro Parque“ oder in verschiedene Küstenorte mit Bademöglichkeiten. Das hätte sich bei dem guten Wetter heute auch gelohnt. Katamaranfahrten, Helikopter-Rundflüge und Allrad-Abenteuer gab es ebenso, wie auch die Spezialangebote für Radfahrer, Golf- und Tauchsportler. Also gab es auch auf dieser Insel wieder reichlich Gelegenheit, seinen Hobbies nachzugehen.
Als wir uns gerade zuprosten und das Wochenende einläuten wollen, schwimmt neben uns die ARMAS aus der Parklücke, um wieder einmal ein paar Stunden vor uns in See zu stechen. Und da kommt uns eine absolut geniale Idee. Das ultimative Kreuzfahrtabenteuer zum kleinen Preis. Wie wäre es denn, wenn wir beim nächsten Mal auf Gran Canaria ein Wohnmobil mieten und mit der ARMAS von Insel zu Insel segeln? Immer schön direkt vor der AIDA her. Kein Stress im Restau-

rant, keine Hektik an Bord, immer ein gut gefüllter Kühlschrank. Und das Ganze zu einem Schnäppchenpreis. Andy und ich finden die Idee klasse. Nein, wir waren heute nicht zu lange in der Sonne und wir nehmen auch keine Drogen. Unsere Gattinnen quittieren unseren tollen Vorschlag mit einem müden Lächeln. Der schöne Plan ist also mehr was „für die Tonne“, denn die beiden Damen haben sich wohl bereits entschieden, dass dieses nicht ihre letzte Kreuzfahrt war. Egal, dann fahren Andy und ich eben allein mit der ARMAS, von der wir so eben noch die Rücklichter sehen, bevor sie uns morgen wieder in Las Palmas erwarten wird. Bevor wir unseren Plan weiter konkretisieren können, wird Andy als Kofferpack-Gehilfe benötigt. Mir bleibt zum Glück noch eine halbe Stunde Zeit, die ich in aller Ruhe in der Hängematte unseres Balkons verbringe. Hier kann man herrlich entspannen und die ganze Reise nochmal in Gedanken durchgehen. Ich sortiere schon mal ganz vorsichtig das bisher Erlebte und überlege, ob es sich lohnt, diese Reise in ein Buch zu fassen. Noch bin ich nicht ganz sicher und lasse mich mal selbst von mir überraschen. So ganz allmählich müssen wir uns jetzt geistig darauf einstellen, dass wir in etwas mehr als 24 Stunden wieder dem deutschen Winter ausgesetzt sein werden. Passend zu diesen schwermütigen Gedanken machen die inzwischen pechschwarzen Wolken die Schleusen auf und es regnet „Katzen und Hunde“. Allerdings dauert es nur ein paar Minuten, bis sich die Sonne noch einmal durchsetzen kann und mich zum Abschluss des Tages mit einem besonderen Schauspiel begeistert. Für ein paar Sekunden legt sich ein vollständiger Regenbogen über die gesamte Bucht von Santa Cruz. Ein phantastisches Bild, das mir sicherlich noch lange in Erinnerung bleiben wird.

Zum letzten Abendessen an Bord erwarten uns ausnahmslos fröhliche Gesichter. Selbst die Kameraden, die zu Beginn noch mürrisch und unmotiviert aus der Wäsche geschaut haben, sehen jetzt ganz entspannt aus. So eine Woche auf See kann doch Wunder bewirken. Die Köche haben heute noch einmal Vollgas gegeben und servieren eine Henkersmahlzeit, die sich sehen lassen kann. Erfahrene AIDA-Reisende wussten schon vorher, dass am Abschlusstag immer Hummer serviert wird. Und zwar fast „bis zum Abwinken". Die Leute lassen es sich schmecken und auch wir genießen diesen Abend bei all den Gaumengenüssen aus der Küche. Dass wir inzwischen Teneriffa verlassen haben, merken wir erst, als wir schon auf offener See sind. Irgendwie ist das zu Anfang so spannende Ablegen des Schiffes inzwischen zur Routine geworden. Die meisten Gäste lassen sich genau wie wir nicht beim Essen, Trinken und Feiern stören und verlassen sich darauf, dass der Käpt'n und seine Crew uns ohne Probleme zurück nach Gran Canaria bringen werden.

Da das Wetter heute keine Party auf dem Pooldeck zulässt, verbringen wir den Abend in der AIDA-Bar. Bei lockerer Stimmung und Live-Musik lassen wir die Reise hier ganz entspannt ausklingen. Zum wirklich endgültigen Abschluss gönnen wir uns einen leckeren bunten Cocktail und lauschen dabei den Klängen der Band. Nein, ich lasse mich jetzt nicht mehr über meinen Musikgeschmack aus. Ein paar unentwegte Tanzwütige, die sich heute Abend besonders schick gemacht haben, schwingen das Bein und haben Spaß. Und das ist auch gut so. Noch besser finde ich allerdings, dass sich auf diesem Schiff jeder so schick machen darf, wie er will. Oder eben auch nicht. Dieser steife „Dress-Code", wie man ihn sich früher auf Kreuzfahrten vorgestellt hat, gehört zum Glück der Vergangenheit an. Da hätte man mich sicherlich niemals auf so einem Schiff gesehen. Hier geht man locker, lässig, sportlich oder auch elegant, denn alles ist möglich und richtig. Es ist sozusagen „pillepalle", was man hier anzieht. Und ich kann sagen, mir sind keine „Härtefälle" in negativer Richtung aufgefallen. Und wenn einige Leute gern mit Sakko und Krawatte herum laufen, dann sollen sie doch. Ich habe meine Krawatten alle zuhause gelassen und mich dabei richtig wohl gefühlt. Beim Thema „Bekleidung" fällt uns gerade noch rechtzeitig ein, dass wir unsere Koffer bis Mitternacht vor unsere Kabinen stellen müssen. Diese werden im Laufe der Nacht abgeholt und für die Abreise irgendwo im Hafengebäude von Las Palmas für uns wieder bereit gestellt. Nachdem wir auch diese Aufgabe erledigt haben, endet dieser Tag endgültig für uns. Und bei ruhiger See und leisen Maschinengeräuschen verbringen wir unsere letzte Nacht an Bord.

Am Ziel

Als wir aufwachen, hören wir keine Maschinengeräusche und das Schiff liegt still und ruhig im Hafen von Las Palmas. Der Blick aus dem Fenster bietet original dasselbe Bild wie vor einer Woche, als wir zum ersten Mal unsere Kabine betreten hatten. Wir sind am Ziel unserer Reise angekommen. Die Sonne scheint und der Himmel ist blau. Wie geht es jetzt an diesem wunderschönen Tag weiter? Bis um 9 Uhr sollen wir unsere Kabinen verlassen. Da unsere Koffer im Laufe der Nacht abgeholt wurden, gehen wir ein letztes Mal im schönen orangefarbenen Bad duschen, nehmen unser Handgepäck und gehen ausgiebig frühstücken. Unser Rückflug ist für den späten Nachmittag angesetzt und wir sollen um 13 Uhr hier im Hafen abgeholt werden. Also bleiben uns nach dem Frühstück noch über 3 Stunden Zeit an Bord. Um die in diesem Jahr endgültig letzten Sonnenstrahlen zu genießen, suchen wir uns einen schönen Platz auf dem Oberdeck. Ich mache es mir mit einer Tasse Kaffee auf einer Sonnenliege gemütlich und schaue dem regen Treiben an Deck zu. Einige Passagiere sind bereits von Bord gegangen, da sie ihre Rückreise individuell geplant haben oder noch eine Urlaubswoche auf Gran Canaria dran hängen wollen. Viele Gäste sind jetzt aber noch an Bord, denn es sind kaum noch Plätze hier oben frei. Im Bordprogramm habe ich gelesen, dass auch heute eine ganze Menge an Ausflügen angeboten wird. Da ich heute Morgen so gut wie keine Busse gesehen habe, weiß ich allerdings nicht, ob dieses Angebot überhaupt angenommen wurde. Wer immer noch nicht die Nase voll hat, kann auch auf der drittgrößten Kanarischen Insel wieder Radfahren, tauchen oder die Insel-Highlights bei einer Panoramafahrt kennen lernen. Ich muss ganz ehrlich sagen, dass ich dazu überhaupt keine Lust mehr hätte, wenn man auf den Rückflug wartet. Aber wie ich schon in der ganzen Reisewoche erzählt habe, ist das Angebot der AIDA schon riesig. Man zahlt zwar auch eine ganze Menge dafür, doch wenn man nicht wie wir auf eigene Faust losziehen will, sondern das „Rundum-Sorglos-Paket" braucht, dann bekommt man hier einfach alles. Und auch die Leute, die lieber an Bord bleiben, können sich über Langeweile nicht beklagen. Eine derart große und abwechslungsreiche Unterhaltung hätte ich auf einem Schiff kaum für möglich gehalten. Während ich gedanklich mein Reise-Fazit vorbereite, wird es an Deck immer voller. Inzwischen kommen schon die ersten neuen Gäste dazu, die zwar erst heute Abend ihre Reise starten, aber trotzdem schon an Bord dürfen. Insbesondere vor den Toiletten bilden sich inzwischen lange Schlangen. Da die „alten" Gäste nicht mehr und die „neuen" Gäste noch nicht in die Kabinen dürfen, spielen sich in den Gängen vor den Toiletten tumultartige Szenen ab. Auch beim Mittagessen ist das Gedrängel groß. Ein schönes Schauspiel, diese ausgehungerten Menschen zu sehen, die scheinbar die ganze Woche nichts Gescheites bekommen haben.

Als wir uns gerade einen kleinen Snack aus der Pizzeria holen wollen, ertönt aus den Lautsprechern dir Durchsage, dass sich eine der Maschinen nach Düsseldorf um 2 Stunden verspäten wird und die Abholzeit auf 15 Uhr verschoben wird. Natürlich handelt es sich um unser Flugzeug. Na toll! Also dürfen wir den Trubel an Bord noch etwas länger genießen. Gleichzeitig rechnen wir im Kopf schnell aus, wann nun die Landung erfolgt und ob diese aufgrund des Nachtlandeverbots in Düsseldorf überhaupt stattfinden kann oder ob wir bis Köln fliegen müssen. Das hätte gerade noch gefehlt. Aber so schnell lassen wir uns die Laune nicht verderben. Zur Not hilft immer ein frisch Gezapftes. Irgendwie kriegen wir dann die letzten Stunden an Bord auch noch rum. Um kurz vor drei verlassen wir dann „unsere“ AIDA ein letztes Mal und werden von allen am Wegesrand stehenden Mitarbeitern freundlich verabschiedet. Diese sich während der kompletten Reise durchziehende Freundlichkeit aller Mitarbeiter an Bord wird uns auf jeden Fall in Erinnerung bleiben.

In einer Halle des Hafengebäudes sind alle Koffer schön ordentlich abgestellt worden. Wir müssen zwar etwas suchen, aber dann finden wir alle Gepäckstücke unversehrt wieder. Nun stellen wir uns zur der großen Anzahl derer, die auf den Bus warten („3 Uhr am Bus“ ist übrigens ein Insiderwitz, den ausschließlich meine Sportsfreunde im Club der berühmten Kechlass verstehen). Kein Witz ist dagegen die erneute Ansage, dass eine der beiden Maschinen nach Düsseldorf heute komplett ausfällt. Diesmal ist uns das Glück hold, denn unser Flieger ist zwar verspätet, aber immerhin holt er uns ab. Hektik und Panik verbreitet sich allerdings unter den Leuten, die jetzt plötzlich ohne Rückreisemöglichkeit da stehen. Die Reiseleiter werden fortan und nonstop mit aufgeregten Fragen bombardiert. Inzwischen kommen die Busse, die uns zielstrebig zum Flughafen bringen.
In der Wartehalle des Flughafens sehen wir fast ausschließlich Gesichter, die wir auch an Bord gesehen hatten. Die Maschine wird also bestimmt zu 90 Prozent mit AIDA-Gästen belegt sein. Neben mir sitzt ein älterer Herr, der einem „Nicht-Kreuzfahrer“ erzählt, dass er jedes Jahr zweimal mit der AIDA fährt, seit er Rentner ist. Vor allem deshalb, weil er nicht wie auf dem „Traumschiff“ mit „Schlips und Kragen rumrennen muss“. Aha! Der von mir schon angesprochene Punkt in Sachen „Kleidung an Bord“ scheint auch andere Menschen zu begeistern. Als wir zum „Boarding“ aufgerufen werden, stehe ich in einer kleinen Gruppe von Frauen und Männern, die sich über einen fehlenden Gast unterhalten, der sicherlich noch an

der Theke einer der Flughafen-Bars sitzen würde. Ich muss echt lachen, denn natürlich meinen sie „meinen Freund“ Tom, der kurze Zeit später gewohnt hektisch und mit rotem Kopf angestürmt kommt. Er gestikuliert wild mit seiner Frau und wirkt ausgesprochen erholt. Nämlich überhaupt nicht. Leider kann ich dieses Kapitel immer noch nicht schließen, denn zu ihrer hellen Freude hat Heidi das große Los gezogen und „Tom“ als Sitznachbar erwischt. Damit stehen ihr weitere vier Stunden ganz großes Kino bevor. Was sie alles in dieser langen Zeit von ihm erfahren hat, bleibt allerdings ihr Geheimnis. Tut ja hier auch nichts mehr zur Sache. Die Maschine ist übrigens bis auf den allerletzten Notsitz gefüllt, denn ein Teil der Gäste wurde von dem ausgefallenen Flieger hierher umgebucht. Die haben ja nochmal Glück gehabt. Wie die restlichen Leute nach Hause gekommen sind, wissen wir natürlich nicht. Im Zweifelsfall hängt man noch eine schöne Verlängerungsnacht in Las Palmas an. Ich möchte nicht darüber nachdenken.

Nach einem stressarmen und störungsfreien Flug landen wir am späten Abend in Düsseldorf. Damit haben wir es fast geschafft. Eine Stunde Autofahrt steht uns noch bevor, bis wir die Kabinenbetten wieder gegen unsere eigenen tauschen dürfen. Anja‘s Schwester „Matze“ holt uns freundlicherweise in Düsseldorf ab. Andy und Heidi werden ebenfalls abgeholt, und zwar von ihren Freunden Dirk und Martina, die wir durch unsere gemeinsamen Winterurlaube ebenfalls kennen. Und damit der Urlaub genau so endet, wie er begonnen hat, haben die Beiden eine eiskalte Flasche Sekt und ein Paar Becher mitgebracht. Vor den Augen der erstaunten oder auch neidischen Leute um uns herum, stoßen wir auf unsere gelungene Urlaubswoche und die unfallfreie Rückreise an.

Danach ist endgültig Schluss. Irgendwann weit nach Mitternacht sind wir glücklich zuhause angekommen und um eine Menge neuer Eindrücke und Erfahrungen reicher.

Seemann, lass das Träumen,
denk nicht an zuhaus,
Seemann, Wind und Wellen rufen
dich hinaus.

Deine Heimat ist das Meer,
deine Freunde sind die Sterne,
über Rio und Shanghai,
über Mali und Hawaii.
Deine Liebe ist dein Schiff,
deine Sehnsucht ist die Ferne,
und nur ihnen bist du treu,
ein Leben lang.

Epilog

Mit ein paar Tagen Abstand habe ich alle Eindrücke und Erinnerungen an diese Reise gesammelt und sortiert und mich dann dazu entschlossen, alles in diesem Buch zusammen zu fassen. Die letzten Monate waren also für mich besonders spannend. Zuerst erlebte ich meine erste Kreuzfahrt und dann schrieb ich mein erstes Buch. Ich muss sagen, beides war sehr spannend und ich muss zugeben, dass die Seereise meine Erwartungen echt übertroffen hat. Natürlich wird es mir immer wieder schwer fallen, große Menschenmassen um mich herum zu haben, doch die positiven Dinge der Reise haben absolut überwogen. Das fängt schon damit an, einfach nur aufs Meer hinaus zu sehen und nichts anderes als das Wasser und den Himmel zu sehen. Wenn der dann auch noch königsblau ist, macht es noch mehr Spaß. Genauso fasziniert mich der Blick auf die beleuchteten Inseln bei der Anfahrt oder bei der Abreise. Was mir noch fehlt ist ein Sonnenaufgang auf dem Meer. Das muss ich irgendwann mal nachholen. Wie ich inzwischen weiß, machen die meisten Leute nicht nur eine Kreuzfahrt. Viele packt der Virus schon beim ersten Mal und sie fahren immer wieder. Gerade die AIDA hat wohl inzwischen eine Menge Stammkunden. Aber eines ist ja auch klar: „Wo sonst kann man in wenigen Tagen so viele verschiedene Ziele besuchen wie auf einer Kreuzfahrt?“ Und dabei wird man bestens verpflegt und versorgt und muss nicht andauernd die Koffer aus- und wieder einpacken. Natürlich kann ich noch nicht wirklich mitreden, so wie die echten „Kreuzfahrt-Profis“. Denn ich weiß nicht, wie es ist, wenn an mehreren Tagen das Wetter schlecht ist oder der Seegang so hoch ist, dass man tagelang im Bett liegen muss. Oder wie das Flair an Bord in den Schulferien ist, wenn deutlich mehr Familien mit Kindern dabei sind. Keine Ahnung, probiert es einfach mal selbst aus. Eines ist jedenfalls sicher: so wie auf dem „Traumschiff" geht es auf der AIDA sicher nicht zu. Zum Glück.

Fast genau so spannend wie die Reise war dann mein erstes Abenteuer als Buchautor. Bisher hatte ich lediglich ein paar mehr oder weniger amüsante Reiseberichte über einige Mannschaftsfahrten geschrieben. Mir hat es schon immer Spaß gemacht, Wörter aus ihrem eigentlichen Zweck zu entfremden oder einfach neu zusammen zu setzen oder zu verdrehen. So wie früher Heinz Erhardt oder Otto Waalkes. Und schon als Kind hatte ich den großen Wunsch, mal ein Buch zu schreiben. Und ich bin heilfroh, dass es jetzt diesen Verlag gibt, der Anfängern die Möglichkeit bietet, in die große Welt der Autoren einzutreten. Allerdings hatte ich den zeitlichen Aufwand mächtig unterschätzt. Ich hatte geglaubt, das Buch „mal eben" zu schreiben. Das „mal eben" kann man getrost vergessen. Aber egal, es hat jede Menge Spaß gemacht und mir bleibt die Kreuzfahrt dadurch lebenslänglich in Erinnerung. Schade, dass meine „Omma" nicht mehr lebt. Die wäre sicher mächtig stolz auf mich und ich hätte wieder 5 Mark für die Kirmes bekommen. Jetzt hoffe ich, dass irgendjemand außer mir auch Spaß an diesem Buch hat. Ich würde mich freuen.
Übrigens sind in der Zeit, in der ich geschrieben habe, schon wieder mindestens fünf neue Kreuzfahrtschiffe ins Wasser geworfen worden. Dabei war die AIDALuna, von der TUI „Mein Schiff" (geiler Name, oder?), die Schwester von Costa Cordalis namens „Costa Pacifica", die italienische „MSC Splendida" und von den Kollegen der „Royal Caribbean", die den Hals nicht voll kriegen können, die „Oasis of the Seas" für schlappe 5000 Passagiere. Na, Mahlzeit.
Ob ich nochmal eine Kreuzfahrt mache?
Na klar, aber nur, wenn die neue AIDA vor dem Golf 7 herauskommt...

Ich bedanke mich bei...

...Rita und Matze für den Transfer
...Christian für die wichtige SMS am Nikolaustag
...Uwe und Frank für die Reiseleitung auf „Fuerte“
...dem Käpt’n und der Crew für eine Woche unfallfreies Segeln
...dem Koch und allen Mitarbeitern der „Bella“
...den Passagieren, die mir nicht auf die Nerven gegangen sind

...meiner Mutter für die „Rechtschreib-Übungen“ in den 70ern
...meinem Deutsch-Lehrer, der mir im Abi die „5“ reingewürgt hat (und ich hab es doch geschafft)

...und ganz besonders...
...Ruth für die Lesehilfe
...Daniel für die Fotos

...sowie...
Anja, Heidi und Andy für eine Woche Dauerspaß...

Vielen Dank
JB

...das Allerletzte:

Der Autor legt äußersten Wert auf die Feststellung, dass dieses Buch ohne Verwendung von „Seemannsgarn“ erstellt wurde!